セメントに賭ける

挑戦

著者近影

平成9年春の叙勲で勲二等瑞宝章を受章。
皇居で妻菊枝と

まえがき

本書は、私の人生と経歴をセメント新聞に連載したものをまとめたものである。それは戦後のセメントという素材産業の中で生き抜いてきた、一サラリーマン経営者の一生でしかない。

私は現在七十七歳。昭和二十七年小野田セメントに入社以来、五十二年間の人生をセメントと共に生き、暮らしてきて今日、既に人生は終わりに近づいていると思うが、未だセメントと共に生きており、太平洋セメントの相談役として、また韓国・雙龍洋灰工業（以下、双竜セメント）の会長として現職にある。

恐らく私は、セメントの灰の中で人生を終わると思う。考えてみると、大正、昭和に生まれた数多くの若者たちが、戦後私のようなサラリーマンとして、会社の発展にその人生を懸けてきたのだと思う。

今日の日本経済は、ある意味ではその努力の総和であると思われてならない。その支えなしに政治家も経営者も今日の日本をつくることは出来なかったと信じたい。

その意味でも私のような人間の人生を綴ってみるのも、何かの役に立つのかもしれない。そう思いながら、私はこの本を自分の心の整理として書いてみた。

私自身文才もないし、ただただありのままを書いたものに過ぎないので、内心忸怩たるものがあるが、読んでいただければ幸いと思う次第である。

本文は平成十二年三月から平成十三年九月まで、セメント新聞に「人物セメント史話」として連載したものであり、執筆から三年余り経つが、年次および役職等は執筆当時のまま掲載しているのでご了承いただきたい。

平成十七年一月

目次

表紙・カバーの題字「挑戦」は
太平洋セメント社長・鮫島章男氏による

はじめに

私はセメントの仕事に従事して今年（平成十二年）で四十八年になる。特にその後半の二十年はセメントの営業および業界全般の問題にタッチしてきた。その間、業界の表の事情も裏の事情も私は十分に知る立場にあった。考えてみると今まさに日本のセメント産業は成熟産業として必ずしも希望のある産業とは言えないし、空洞化の危険さえある状況にある。私はこの二十年、その斜陽化の過程を見つめてきたと思う。その経過とともに歩いてきた一経営者として、それは賽の河原の石積みに似て余りにも空しい思いが強い。

亡くなられた三菱鉱業セメント（現三菱マテリアル）の小林久明会長がかつて、ロータリークラブでご一緒した時に、当時すでに会長になっておられたが、私に「今村君、会長になったらね、時々、セメント、生コンという言葉を聞かない日があるよ。その時は、本当に寿命が伸びる気がするよ」と言われたことがある。その時に私は思わず、

「うらやましいですな」と返したが、私の尊敬する小林さんの思いと同じような感慨が、今の私にもある。

今日のセメント産業の直面する状況に至るまでの歴史的経過は後にゆずるとして、その原因は色々産業史的にいえるとしても、実際は夫々の企業の経営者が負うべきものかもしれない。そのような立場の私がいったい、業界の人物史を書く資格があるのかと思うと内心忸怩たるものがある。

考えてみると、私の人生は昭和二十七年（一九五二年）を境にはっきり区別されている。この間を振り返ってみて、若い時代の学問に対する取り組み方や、あるいはサラリーマンとしての人生の処し方にしても、もう少し違うやり方もあったのではないかという思いが深い。そう思いながら今日まで来てしまったという感じがして仕様がない。

例えば学生時代は学生運動ばかりで授業にもほとんど出なかった。もっと真面目に勉強していたら違う人生を歩んでいたのではないか。会社に入ってからも多くの時に問題を起こし、左遷されたこともある。社長になったのだからサラリーマンとして成功したと思われるかもしれないが、それはたまたま運が良かったからで、私は必ずしも成功したとは思っていない。

今考えてみて、こういう人生があってもいいと思う時もあるが、本当に良かったのか、悪かったのか、自問自答の連続だった。合併だってそうだ。秩父セメントとの合併が本当に良かったのか、日本セメントとの合併は良かったのか。今でも自問自答し悩みながらやっているというのが正直なところである。

とはいえ、太平洋セメントが誕生したのはセメント産業の流れの中での必然だったと思う。日本の社会経済がグローバル化の中で変革を迫られ、旧財閥の枠を超えた銀行の合併などが起こっている今日、セメント産業もまた、構造改革を迫られている。こうしたかつてない変革期に際して、各社が古い歴史と伝統に固執していたのでは生き残れないし、日本のセメント産業も成り立たなくなってしまうだろう。

そういう思いで諸井虔相談役、北岡徹相談役、木村道夫社長、皆さんとともに合併を決断し、当社は今、一体化の推進と併せ流通、生産などの構造改革に取り組みつつある。合併を含めて改革というのは痛みが伴うから、誰も好き好んでやるものではないが、生き残りと明るい未来を切り開くために避けて通れない。

合併は構造改革のための条件をつくったことに過ぎず、これからが本番である。小野田セメントの社長になってから現在まで十五年になり、色々なことをやってきてそろそろとも思うのだが、今始まりつつある構造改革の道筋をつけるまではわれわれの責任だと思っている。何としてもこの改革を軌道に乗せて国内のセメント産業を安定させ、国際的会社として発展する展望を開きたい。

こういう大事な時期であるが、これまでを振り返り私の歩みをまとめておくのも無駄ではなかろうと考え、私なりに自らの人生を振り返ってみようと思い、セメント新聞の求めに応じて史話を綴ってみることにした。

一、生い立ち

今村家　私が生まれた昭和二年（一九二七年）は金融恐慌が起きた年で、四年には世界大恐慌、昭和恐慌が始まっており大変な時期だった。六年には満州事変、その翌年上海事変と続き、十一年の二・二六事件に象徴されるように軍国主義が強まっていった。そういう世の中だったことに加え、私は軍人の家に生まれ育ったこともあり、学生時代まで戦争と離れられなかった。だから、物心がついてからの人格の形成や諸々のことを戦争を抜きには語れない。

私は父・今村了之介、母・渡世の長男として横須賀で生まれた。父は当時、海軍中尉で駆逐艦の航海長を務めており、呉、佐世保などと母港が変わるたびに家族も転々としていて、昭和二年二月には横須賀に住んでいたわけである。

父の実家は大分県臼杵にあり、私の本籍もかつて同所にあった。その祖先は徳川時代の稲葉藩の下級武士で、現存する最も古い戸籍は文政六年（一八二五年）に始まっている。稲葉藩は元々、春日局の長男が岐阜で起こした藩だったが、その後大分県に移ってきており、私の祖先も足軽か何かとして一緒に移り住んだらしい。

祖父は今村豊生といい、元治元年（一八六四年）に生まれている。蛤御門の変や池田屋騒動があった年だ。今村家は代々、大分県にあった古流泳法の家元をしており、祖父もそれを継ぎ、私の父もその泳法には堪能だったようだ。その影響もあってか、私も妙な泳ぎ方が身についている。明治時代になってからは小学校の先生をし、後に校長をしていた。終生教育者として一生を送ったが、市内の小学校に頌徳碑があり、道徳心堅固な人だったらしい。

母・渡世に抱かれた著者。サインは父・了之介による

私の祖父についての記憶はいろいろあるが、明治十年の西南戦争で臼杵藩の士族は政府軍に味方した。熊本から撤退して来た西郷軍の一部が臼杵町を襲い激戦となった。祖父は恐らく二十歳ぐらいだったと思うがこの戦いに従軍し、西郷軍の勢いの猛烈さや、足に怪我をした話を、子供の頃何度も聞かされたのを覚えている。

祖父は昔の人に洩れず子沢山だった。十一人のうち二人が早逝、父はその六番目だった。兄弟はみな、脩、章、端と一文字だったが、どうした訳か父だけ「了之介」という名前であった。その理由は簡単。余り多く生まれるので、この辺で終わりにしたいということだったらしい。しかし、その下に五人も生まれている。小学校の校長とはいえ子供が多かったから生活は決して楽ではなかったらしい。そこで、祖父は授業料がタダで給料ももらえる学校を選ばせた。男子六人のうち五人は海軍兵学校、一人は陸軍士官学校へと、軍人の道を歩ませた。

父も熊本の五高、海兵、陸士、高等商船を受けて合格したけれど、結局、経済的理由で海兵を選んでいる。そんなことで戦争中は大分県でも有名な軍人一家であった。事の当否は別として明治、大正にかけてこうした人生の選択をすることは決して例外ではなかった。むしろ多かったといっていい。ただ、五人とも海兵というのは例がなく、『海軍サムライ列伝』という本に取り上げられている。

本題からそれるようだが、海軍にはサイレントネイビーという言葉がある。父もそのひとりだったように思う。私達子供には戦前戦後を通じて全くといって良いほど一切話をしてくれていない。従って父の経歴もやって来たことも私は全く知らないといえる。ただ、私は子供心に父の動きを敏感に感じていたし、一つひとつ父の動きを明瞭に記憶している。戦後多くの本に接するにつれ、その中に出て来る父の姿から、また、旧部下の人が何気なく話すことの中から、はじめて「ああ、こういうことだったのか」と分かって来た。そういうことから自分なりに父の経歴をつくっていった。

戦争と密着しながら私の性格が形成されるのは当然のことといえる。父が私や弟治輔（清水建設社長）が軍人の道を選ぶのを望んでいなかったことは、後になって分かったが、父は軍人生活の中で何かを感じていたのだと思う。

父とその兄弟たち　私にとっては伯父（叔父）に当たる父の兄弟達は戦争という運命の中で夫々の人生を辿ることとなる。それを簡単にまとめるとこうなる。

伯父の長兄脩（中将）は日本海軍・航空の草分けの一人で、第一期航空学生として訓練を受け、転戦を重ねて終戦時は第十特別根拠地隊司令官であった。次男義男（大佐）は唯一人陸軍にあって満州にて戦病死。当時菱刈大将の副官であった。父のことは後にふれるとして、叔父の四男章（中尉・航海科出身）は戦艦「比叡」に乗り組み事故により戦死。これが父の兄弟の最初の戦死者となった。

五男端（中佐・航空科出身）は海軍でも有数の水上偵察機乗りで、台湾沖航空戦を始め多くの戦闘に参加、終戦一ヵ月後、千歳沖で不時着し米軍の駆逐艦に救助され九死に一生をえて戦争を生き抜いた。一番下の正己（中佐）は砲術科出身で巡洋艦乗り組みを重ね、何とか生き抜いてきたが、昭和二十年八月六日原爆により眉間に負傷、原爆症をおしての終戦処理に忙殺され、九月六日戦病死した。私の年上の従兄弟達、母方の伯父を含めて多くの人々が戦争の中で若い命を落として行ったのである。

私が小野田セメントに入社する前に、会社から大学卒業までの間アルバイトに来るようにという連絡があった。私は入社前二カ月間、当時東京駅前の鉄鋼ビルにあった本社に通った。与えられた仕事は当時小野田から引っ越したばかりの書庫の整理であった。

しかも満州、朝鮮における社員、家族、戦没者の記録、戦争中のセブ工場（フィリピン）、マカッサル工場（インドネシア）の記録の整理をさせられた。

それはまさに息を呑むような思いの悲しい記録であった。私は整理の手間を忘れて記録を読みふけることとなった。戦争中、軍の命令により南方のセメント工場運転のため出張中に、輸送船の沈没により殉職する社員達の運命、終戦時満州にて自らの手で妻子の命を奪う社員の話まで、戦争の惨禍と恐ろしさをつくづく思わずにはいられなかった。入社後、人事課長時代そうした人々の子弟である社員と接することになった時、たった二カ月のことが大変役に立つこととなった。

それはさておき、私の父は海軍省副官として米内光政海軍大臣の下で終戦を迎えた。大森実の『戦後秘史』の中で冒頭に登場する。それは深夜静まりかえった海軍大学の校内から父（今村大佐）がスイスのジュネーブに電話する場面である。相手はスイス駐在武官藤村中佐。「例の件はもうだめかな」。中佐はなにを今更と思いながら「もう無理と思うが」と返事をする。

例の件とはダレス工作といって藤村中佐が米国ＣＩＡとの間で進めた終戦工作の事で

ある。一刻も早く戦争を終わらせたいとの思いの中でのやりとりである。「駄目か」父は力なく電話を置く。どこかで一緒に傍聴していた人々も静かに電話を切る。

終戦後父は全く市井の一サラリーマンとなった。真面目に働き戦争については一言もわれわれ子供達には話をしなかった。酒の好きな平凡な一サラリーマンとしてその人生を終えた。

ただ、先にも述べたように私は父との交流の時期は殆どなかったが、節目ごとに父の背中から何かを受けているように思う。二・二六事件の日。あの朝大変な大雪が降り積もったとき、父は当時高松宮のお附武官であった。朝四時頃海軍のサイドカーが迎えに来た。余りの雪の白さとその中を遠ざかって行くオートバイの姿が今でも眼に焼きついている。

その日小学校に行って初めて先生から話を聞いて、何となく何が起きたのか納得した。そんな印象というか、記憶を蓄積させながら幼年時代から中学時代へと私は進んで行った。

母の実家　私の母渡世は旧姓滝口といい、その父は長崎県大村市小姓小路で産婦人科医をしていた。謹直な医者だったという印象が強い。病院は子供心にもかなり繁盛していたように思う。私は初孫でもあったのでかなり可愛がられたように思う。祖父の弟(母の叔父)に渡辺汀(みぎわ)という人がいて、当時海軍大佐で父が乗り組んだ駆逐艦の艦長をしていた。その人が父を気に入って、姪である私の母と結婚させたらしい。

当時の陸海軍とも将校の結婚は大臣の許可を必要とした。何ともばかばかしい話だが、それが当然だったのだろう。私の伯父の脩は大正七〜九年の三年間フランスに駐在していたが、その間に美人のストリートガールにすっかり惚れ込んで、結婚すると言い出して親戚中大騒ぎになったという話を祖母から聞いた事がある。

どうも余談にそれて申し訳ないのだが、渡辺汀は滝口家から渡辺家へ養子に行って姓が変わったもので、その養父は渡辺清といって元大村藩の武士であった。大村藩は歴史上、一五六三年当時の藩主大村純忠がキリスト教に受洗してわが国最初のキリシタン大名になり、長崎をイエズス会に寄進したことで有名である。

第十二代藩主純熙の時代に明治維新を迎えるが、謹皇倒幕運動の中心に渡辺清、昇の兄弟がいた。『もう一つの維新史』(外山幹夫著)によると、倒幕運動を進めるにあたって「大村騒動」というのが起きている。当時どの藩でも多かれ少なかれあったことだが、大村藩は激烈なものであったらしい。

渡辺清、昇の兄弟は、桂小五郎、坂本竜馬とも親交があり、薩長同盟を推進したひとりである。清はその功績で男爵となり官職を歴任したが、子供が相次いで亡くなったため汀を養子とした。その際、土佐藩主山内容堂の孫娘と結婚させている。

汀は貴族院議員となったが、私は小学校二年生の時、この男爵家に下宿して目黒区の油面小学校に通ったことがある。それまで、父が海兵の教官をしていたので江田島に住み、広島弁丸出しのはな垂れ小僧だった私が、男爵家に住み、生まれて初めてナイフだフォークだとなってたまげて縮み上がったのを覚えている。

母の兄弟は男五人で三人は大村中学校から五高、七高と進み東大を卒業しているが、その兄弟のひとりの弘が中学校在学中、私の前の小野田セメント社長だった大島健司さんも大村中学に通っていた。大島さんは佐賀県唐津の出身で大村中学に入った。その中学校では当時私の祖父が校医をしていた。

会社に入って大分たった頃、大島さんからそのことを聞いた。私の叔父滝口弘が三井石油化学の専務だったとき、大島さんを訪ねて来て同窓会のことを話しているのを聞いたことがある。

そういえば安藤豊禄氏のことがある。安藤さんは昭和二十三年から四十一年まで小野田セメント社長を務めた人だが、大分県出身で明治四十三年に臼杵中学校に入学している。このとき、祖父の家に下宿していたのである。安藤さんの家は父親が後に村長になるような名士だったが田舎にあり、私の父や伯父と同じ学校だったことや、祖父が教師だった関係などから今村家に下宿したらしい。

安藤さんは入学後、五年生のとき（当時は中学六年制）に校長排斥のストライキをやって放校処分にあい、佐伯中学校に転校させられたが、この五年近くの間、父など九人の兄弟とともに生活していたのである。私が入社した当時、安藤さんは社長をしており、「君のお父さんも伯父さん達もみな優秀だった。それにひきかえ君は」とよく言われたものである。

幼年時代、江田島から東京へ　父と母は大正十四年渡辺汀の仲人により佐世保で結婚し、その後横須賀に移って私が生まれた。兄弟四人、男ばかりであった。次弟の治輔は二歳年下である。その下の弟俊輔は戦後早稲田大学に入り、山岳部で南米アコンカグアの初登頂をした。一番下の昌輔は、保土ケ谷化学工業の関係会社の社長をしていた。

父は仕事に取り組む姿勢は極めて真剣で大変実直な人という印象を与えるが、われわれ子供にとっては軍人らしく厳しく育てられたという感じはない。若い頃から色々な逸話が残っている。例えば官舎へ帰る途中、乗ってきた人力車の車夫を乗せて軍服のままで車を引いてきて物議を醸したり、上司の艦長と取っ組み合って艦から海へ投げ込んで問題となったり、特に、エリートコースの海軍大学の入試で、人に答を教えたために入学できなかったりで、単に実直一方の軍人ではなかったように思われる。

物心がついたころの昭和六年上海事変が起こり、父は出征し陸戦隊として苦戦したようだ。戦闘中に負傷して帰国した。母や私達はその間、臼杵の祖父のところで暮らしていた。

その後、父は江田島の海軍兵学校の教官となって赴任。家族も江田島の官舎に移った、そこで私は従道小学校に入学する。その名の通りこの小学校は西郷従道の名をとったといわれるが、そこに二年生になるまで在学した。あばれん坊で毎日朝から晩まで水泳だ、山登りだ、と飛び回っていた。

父は教官とはいえまだ大尉で上官も多く、そのくせ私はあばれん坊で父母も肩身が狭かったと思う。とうとう私は江田島で問題を起こしてしまった。当時の海軍士官は官舎で暮らしていた。今の社宅のようなものだが、階級別にわけられていた。将来の海軍士官を養成する学校の教官たちの官舎はきちんとし、真面目で厳格な雰囲気であったと思う。そんな中で私は子供同士の喧嘩で、父の上司の息子を怪我させる事件を起こしてしまった。父母もやむをえず、余所へあずけることになった。

私は単身上京して母の伯父に当たる渡辺家にあずけられた。貴族院議員の男爵家である。子供達は

小学一年生のころ、江田島で弟・治輔（右）と

みな学習院、私は近くの油面小学校に通った。作家の山田風太郎が『戦中日記』の中で渡辺男爵邸が空襲で焼けたと書いているが、まさに大豪邸であった。上流階級の生活は田舎者の少年にはストレスが大きかった。たちまち健康上の問題が起きた。皆良い人達で良くしてくれたと今でも思うのだが。

幸い、父はその年、正式には皇族附武官兼海軍大学校附宣仁親王（高松宮）附となって東京に転勤、目黒区の元競馬場に越して来たので、やっと家族一緒になったが、気のゆるみか肺炎で生きるか死ぬかの大病をやった。

その後、私の家は東横線の祐天寺駅近くに引っ越し、私は五本木小学校に転校した。父は弟たちにもそうだったが、小学校の勉強についてはやかましかった。特に算数についてはやかましく、火箸を片手にできないと頭をコツンと叩かれる。これが何よりも嫌だった。そうはいっても父は皇族附武官で多忙であり、帰りが遅いときは私も元気がよかった。

昭和十一年、二・二六事件が起きる。先に述べたようにあの日の大雪の白さは今でも目の裏に残っている。若い海軍の将校達が出入りし盛んに議論していたが、何のために来たのか分からなかった。家の中にも強い緊張感があったのを覚えている。

二・二六事件のあと父は日本海軍最後の遠洋航海に「八雲」の航海長として乗艦、欧州一周をして帰って来る。昭和十二年日中戦争が勃発、戦火は拡大し全面戦争の様相を呈し始める。父は支那方面艦隊参謀として出征、十六年まで戻らなかった。母は大変だったと思うが、兄弟は四人とも健康で成長した。私の成績は中の上、十四年に小学校を卒業し私立芝中学校に入学した。

二、中学校から東大卒業まで

中学校から陸士に入校　昭和十四年(一九三九年)、芝中学校に入学した。この中学校は遵法、自治、質実剛健をモットーとする学校であった。同学年には現在活躍しておられる加藤寛君(元政府税調会長、千葉商科大学学長)や府川勉君(元大成建設副社長)達がいた。私の中学校時代は比較的真面目に勉強する毎日であった。ただ、私達を取り巻く環境は、日中戦争が拡大し、昭和十六年には太平洋戦争に突入する時代であったため軍事教練も多く、軍人になることを希望する学生が多くなっていった。

この頃自分なりに将来の進路を考えるようになっていたが、父は私を軍人にはしたくないと思っていたらしく、母もまた実家が医者だし自宅から通える仕事をしてほしいと思っていたらしい。しかし、両親は中学に入ってから一言もいわなかった。自分の道は自分で考えろという訳である。とはいえ、環境が環境であったし、戦争に対して私は何の疑問も持たなかった。教育というものはそれだけ徹底されると、マインドコントロールではないが政府の考え方の通り育っていくものだと思う。

中学校に入った年、ノモンハン事件が起きる。実際は関東軍が完膚なきまでに叩きのめされたのだが、勝った勝ったと報道された。ただ、極めて激戦であったことは我々にも分かったし、戦いの経過もいよいよソ連と戦うのかと思い熱心に読んだ。昭和十五年、この戦闘に参加した砲兵中隊長・草場栄大尉の『ノロ高地』が出版されベストセラーになった。私はそれが契機となって戦車将校になりたいと決心した。そして陸軍士官学校を受験することに決めた。父はこの選択について何も言わなかった。

中学三年の時、太平洋戦争が始まった。前後は違うと思うが、その頃ゾルゲ事件が摘発されている。リヒャルト・ゾルゲは極めて有能なソ連のスパイであった。日本はソ連に侵攻しないという情報を流したことで有名である。このゾルゲグループに朝日新聞の記者だった尾崎秀実がいた。ちょうど祐天寺にあった私の家の斜め向かいに住んでおられて、たしか娘さんが私の弟と同級生だった。そのため私達は遊びに行ってコーヒーなどをご馳走になったこともある。色眼鏡をかけて温厚な感じの人で、とてもスパイなどという感じではなかった。

陸軍士官学校時代
（長野県新鹿沢訓練所で。上段右から３人目）

ちょうどその頃、父は上海から日本に出張してきていたが、この事件について「気の毒なことになった」とだけ言い、むしろ同情に近い発言をしていた。

昭和十六年太平洋戦争が始まるとともに、父は東京に戻り運輸省に出向する。東京タンカー前社長の壷井玄剛さんに言わせると、「君のお父さんは運輸省を占領しにきた五人のサムライのひとりだった」ということになるが、父は輸送船関係の業務に没頭する。

昭和十九年二月、十七歳になって私は陸軍予科士官学校に入校した。そして二十年六月卒業、陸軍士官学校に進み、八月終戦を迎えることとなる。陸士は予科が埼玉県朝霞に、本科は神奈川県座間にあった。普通の軍隊であり厳格な規則の中で運営されていた。

私達は普通の中学校の出身だが、先に陸軍幼年学校の出身者が入っていて、一緒になった。入学したてに軍服、軍帽から下着類まで支給される。私も隣の幼年学校出に向かい「このズボン下はどう着るんだ」と聞いて「何だ貴様は」と怒鳴りあげられた。こっちはこっちで「怒鳴ることないじゃないか」と大いにむくれたものだ。ちなみにズボン下は軍袴という。

私は六十期生であったが、戦後有名になった方々も多い。例えば加藤六月元衆議院議員（故人）、松井旭千葉市長、本山英世元キリンビール社長、藤田近男元キューピー社長、玉置正和元千代田化工建設社長等多士済々で、今でも上場企業の役員の集まりがあり、時々旧交を温めている。

二月に入って陸軍の厳しい洗礼を受けることになる。学校はそれぞれ四十人程度の区隊というグループに分かれ、卒業まで寝食をともにする。私の区隊長は木村大尉といい極めて有能な隊長であった。午前中は学科の勉強中心だが、午後から夜までは武道の訓練は当然のこと、徹底して軍事教練ばかりであった。

特に区隊長は中国戦での教訓から足の訓練を徹底的にやった。演習場と校舎の往復はすべて駆け足。他の区隊が歩いているのに、こっちは走らされる。食料は不足して常に腹が減っている状態だから、その苦しさといったらなかった。前の晩に演習場の場所が示され、近い所だとホッとする思いだった。

私はそれに何とか耐えてきたが、考えてみるにあの時に徹底的に鍛えられたので身体ができたのではないかと思う。十七歳から十八歳のこの一年間は、今になってみると私の精神力と頑強な身体をつくったときで、私の一生にとって掛け替えのないものであった。

陸士時代　戦争は激しさを増しガダルカナルの撤退が始まる中で、陸軍士官学校での訓練も並行して激しくなっていった。私もようやく軍人生活に慣れ少々のことでは負けない人間になってきた。

サイパン島に米軍が上陸作戦を開始し、激しい戦闘が続いている頃のある日、突然私は中隊長室に呼ばれた。普段まったくないことなので、何事かと思って出頭した。そこには父がいた。父にしては珍しくやさしい笑顔で「元気にやっているようだな」と一言言った。私はただ、とまどうばかりで中隊長の手前、黙って立っていた。

しばらくして父は、時間もあるから帰ると言い、中隊長は正門までお送りしろと私に言った。一緒に歩きながらはじめて私は「戦争はどうですか」と聞いた。正門までの道は夏の日差しが強く目に染みるような緑だった。父は遠くを見るような眼をして「大変だな」と一言いった。私の日常の生活について話しながら正門に着いた時、「しっかりやれよ」と言うとともに「母さんを頼むぞ」と強く言って車に乗り込んだ。私は敬礼をして父を送った。

戦後、社会人になってから戦史を読んで分かったのだが、大本営はサイパン応援のため巡洋艦一隻、駆逐艦数隻に歩兵一個連隊を乗せて、艦ごと突っ込む上陸作戦を起案、実施を決定している。父は巡洋艦「木曾」の艦長として責任を負って出撃することになっていたらしい。それはサイパンに辿り着くこと自体不可能な、また仮に着いたとしても全滅するしか道のない戦いだったのだろう。父は死を覚悟したと思う。あれは出撃の前日、私に別れを告げに来たのだということを、その時はじめて知った。幸い、父島まで進出した時、望みなしということで中止になった。このことは私も父に聞かず、父も一言も触れたことがない。

サイパン陥落後、米空軍による本土爆撃が本格化し、その最初の洗礼を受ける。東京の三鷹に近い所にある中島飛行機の工場が狙われて、Ｂ29の集中的な爆撃を受けていた。陸軍士官学校の校庭に掘った防空壕の外でその方向を見ていた時、こんもりと茂った森のところから突然、一機、二機と次々にＢ29が飛び出してきた。同時にその胴体からバラバラと爆弾が落ち始めた。

つんざくような落下音。防空壕に潜り込んだ我々にグゥアンという感じで頭の中がカラッポになるような音が降ってきた。あとは一瞬の静寂が戻る。私は友人の背中に顔を伏せていたが、恐怖で体中の穴が全部開くという感じで、鼻汁を全部背中に放出してしまった。多くの人が失禁したりした。戦争は怖いものだと私はしみじみと思った。同時に戦争に行ったら腰を抜かすのではないかと思った。それから何人もが爆撃の犠牲になっていった。

戦争の記憶はいくら書いても切りがない。ただ、私がもっとも悲しい記憶として残っていることがひとつある。ある日Ｂ29に対して日本の防空戦闘機が挑戦していた。私達は祈るような思いでその戦いを見ていたが、撃墜されてしまった。飛行士は脱出した。どうしたことか、落下傘が足にからんだのか開かず、糸を引くようにして、その人は森の陰に消えていった。そのショックは大きかった。

空の戦いは地上で眺めている私達にまで損害を及ぼした。空中戦の弾が地上で見ていた戦友の腹を打ち抜き即死させた。もはや制空権のない日本はどこにいても危ない状況になっていた。

昭和十九年戦争はますます激しさを増し、その中で日本軍の劣勢は避け難くなっていた。サイパンにつづいてフィリピンのレイテ島への米軍の上陸が開始された。米軍は海空陸とも圧倒的な戦力を持って闘いを挑んで来た。

その頃父は「木曽」の艦長として輸送船団を率いてマニラに向かった。最後の闘いと思ったのか、父は二十歳前後の若い乗組員を全員、舞鶴で退艦させている。マニラ湾に入る前後、約百八十機の米軍機による攻撃を受け大損害を受けた。「木曽」は幸か不幸か大破したが、舵がきかなくなりマニラ湾に擱座した。戦後長い期間にわたってマニラ湾には擱座した「木曽」の姿があった。

海軍の不文律で、沈没の場合は艦長は艦と運命をともにするのが当然と思われていた。そのことを私は子供のころから教え込まれていた。父は九死に一生を得た。同時に助かった乗組員達はマニラの海軍陸戦隊に転属される。

父は命により海軍省に復帰させられる。不幸にして陸戦隊に転属された乗組員はマニラで米軍と闘い全滅する。このことは児島襄の『マニラ海軍陸戦隊』に書かれている。そしてこのことが、父の心に生涯にわたる深い傷を負わせたと言ってよい。同時に戦争を早く終わらせねばという強い気持ちを持たせたらしい。

十二月末のある日、私は外出を許可され家に帰った。そこに戦死したと思っていた父がいるのでびっくりしたのを覚えている。父は海軍省首席副官として勤務することとなった。海軍大臣は米内光政大将であった。首席副官はどんな職務かよく知らないが、大臣秘書官みたいなものと思われる。

二十年に入り私達は予科卒業の日も近くなって来た。本科に入学に当たって専門兵科に分かれる。多くの同期生はまず航空と地上に分けられる。私は地上兵科を希望した。その結果は船舶工兵なるものであった。この兵科は敵前上陸とか、その当時は特攻（爆弾を積んだ体当たり用の艇）とか第一線で闘う部隊でもあった。三月航空兵科の人達が予科を卒業したあとも、我々は六月まで更に訓練を重ねた。食糧も不足して身体も痩せていった。その間沖縄は玉砕し戦争も末期へと入っていた。しかし私達は一向に負けるとは思っていなかった。

六月神奈川県座間にある陸軍士官学校に入校した。入校後間もなく空襲にあった。米軍戦闘機グラマンによる機銃掃射である。警報解除後、私は戦友と二人で歩いている時突然後ろから米軍機に撃たれた。人間は後ろから不意を突かれることほど怖いことはない。私は人に言わせると何メートルも飛び上がったというが、自分でも感心するほどの俊敏さで伏せた。

そのあと歩いていると右ももあたりがヌルヌルした感じがする。触ってみると血が流れていた。そして軍袴（ズボン）に小さい穴があいていた。医務室ではリバノールに絆創膏で済ませたが、しばらくして化膿が始まり訓練中も膿がひっきりなしに流れるようになった。機銃弾の小さな破片がささっていたからだった。

当時は消毒薬程度しかなく、膿が止まらない。結局原因は破片、それを取り除く以外にない。当時麻酔は全くしない。みんなに押さえられてピンセットで破片を取り除いた。その痛さは相当なものだった。その傷痕は今も右のももに残っている。戦後は遠くなりにけりであるが、今もその部分は乾いたカサカサの丸い痕になって残っている。

終戦　昭和二十年七月末の土曜日だったと思う。外出を許可されて私は東京に向かった。外泊できるので家に帰る前に父に会いに海軍省を尋ねた。空襲による焼け野原の中で本省の建物も残っておらず、航空本部の建物に移っていた。正門には土嚢が積まれ、物々しい感じで兵隊達が完全武装で警備をしていた。何でこんなことが必要なのかと私は不思議に思った。

大臣室に続く副官室みたいな所で父に会った。父は何人かの人に息子だと紹介したが、それが誰だったかは覚えていない。そのあと昼食を食べようといって私を連れ出した。焼け跡に建つバラックみたいな建物が父の宿舎であった。そこで父は短剣と一緒に拳銃を腰から外した。私は不思議に思って「何故そんなものを下げているのか」と聞いた。父は苦笑しながら「色々あるからな」とだけ言った。私には何の事やら分からなかった。

作家の佐々木譲の小説『ストックホルムからの密使』によると、山脇という書記官が米内大臣暗殺の企みの情報を入手していた。その辺りを引用させていただく――

大臣室の部屋の前で、首席副官の今村了之介大佐と麻生孝雄秘書官がドアの両側から護るかたちで机を並べている。山脇は身をかがめ、今村に言った。「重大なお話があります」。「なんだ」と今村大佐。今村は見るからに堅物という印象の佐官である。山脇は声を落とし早口で言った。「大臣暗殺計画があるそうです…」。「知っている」今村は驚きを見せなかった。「昨日今日の話じゃない」

今村副官は机の引き出しをすっと開けた。中にはすぐ取り出せる形で拳銃が収められていた。「不信な人物は俺が身体を張ってここで止めるよ」

そんな風に書かれている。そのあとも父の動きは小説の材料として取り上げられているが割愛する。

当時米内大臣を中心とした何人かが終戦工作を進めていた。多くの軍人は一億玉砕・神州不滅と信じていたのかどうか別として、平和工作を良しとはしていなかったので、暗殺計画が進行していたのも事実だった。しかし、一士官候補生の私がそんなことを知るよしもない。ただ、国内なのにそんなもの必要ないじゃないかと思っただけだった。芋粥に漬物ぐらいの粗末な食事だった。私が家に帰ると言うと「ちょっと待て、これを岡田大将の所に届けてくれ」と言われた。岡田啓介大将は当時、世田谷に住んでおられ、風呂敷包みを下げて私は大将宅に向かった。大将は二・二六事件のとき反乱軍に狙われて九死に一生を得た人で、米内大臣を理解し応援していた人である。

真夏の暑い日だった。玉電を降り歩いて行った。訪問すると気軽に大将自身が出てこられた。緊張のあまり、私は手に汗した上にまた大汗をかいて、そこから下馬の自宅まで歩いたのを覚えている。

八月十五日終戦。私達は全員正式な軍装で校庭に集合整列し、正午からの玉音放送を聞いた。放送の内容はよく聞き取れなかったが、要するに戦争は今日で終わったということは分かった。放送直後の隊内は比較的静かであった。ただ、私達は何故急にこうなったのか納得がいかなかった。あれだけ勝利の放送を聞かされ戦意は決して衰えていなかったのに。士官学校の中の小高い森の中の雄叫び神社が、生徒達の精神的支柱としてあった。その日生徒達の祈りを捧げる姿がひっきりなしに見られた。そして何人かの生徒の自決の噂が流れた。一方では姿を消した生徒もいた。誰もそれを騒がなかった、連れ戻そうという動きもなかった。

私達が納得いかなかったように実戦部隊はもっと色々の思いがあったと思う。その日の午後から近くの厚木海軍航空隊の戦闘機がひっきりなしに上空を飛び始めた。そしてビラがまかれた。一方で隊内に徹底抗戦するんだという空気が流れ始め、戦車や野砲を引き出しての戦闘準備が始まり校内の空気もだんだん緊迫していった。私もその仲間として行動に参加した。ただ、誰も何をするのか目標はなかった。

三日目か四日目か覚えていないが、突然非常呼集をかけられ、そのあと私達は上野駅に連れて行かれた。駅はすでに復員する兵隊達や、一般の東京に入る人、出る人でごった返していた。その中をかき分け列車に乗せられた。私達は小諸で降ろされ長野県佐久の付近の小学校に分宿させられた。連合軍司令官マッカーサーの厚木到着に際して不測の事態を避けるためだったと思われる。何の指示もなく放り出されて食べる物もなく、農家を回り何とか食いつないでいた。

八月末、私達に突然復員命令が下りた。当時私の体重は四十五キロぐらいに痩せ細っていた。今の飽食にあいた八十六キロからは想像のつかない痩せ方だった。東京の家に着いた私を見た母はびっくりしていた。そして私の戦争は終わった。

終戦の年　昭和の初めに生まれ育って来た我々の世代は二十年を境にして強制的に全く違った時代に入ることとなった。十七か十八歳の多くの若者たちにとって今までの教育や社会思想と全く違う世界に突然放り出されることになった。恐らくドイツを始め世界中の若者たちが第二次大戦の終わりとともに全く違った人生を辿り始める。私もまた、そのひとりだったのだろう。だが当時、そんなことは全く考えなかった。ただ流れの中でボーっとしていた。

八月末に世田谷の家に帰ったが、ひどく痩せていて体力自体が問題だった。終戦後の混乱期で将来を考えることも出来ず、ヤミ米の買い出しに行ったりしながら日々を過ごしていた。そんなある日、私は渋谷に出てヤミ市をウロウロしたあと、たまたま映画館が開いていたので入ってみた。たしか嵐寛十郎主演の「あの旗を撃て」という題だった。あの旗とは米英の国旗のことだった。薩英戦争を舞台に鞍馬天狗が活躍する映画で、英軍をやっつける内容だった。私はビックリした。連合軍が進駐し始めたばかりで本格的な占領政策は始まってはいなかったが、それにしても平気でそんなものが上映されていた。

両親が心配し、母の実家のある長崎県の大村に行って体力を回復することになった。大村の田舎の方がはるかに食料事情は良かったので体力はメキメキ回復した。実家の近くに長崎医大附属病院があった。その手伝いに動員された。手伝いといっても原爆被害者の方々が多く収容されていて、その病院の雑務であった。

九月末頃だったか、「復員した人々を対象に高校、大学の編入試験があるから東京へ帰れ」と言って来た。私は東京行きの急行列車に乗った。

終戦の年は台風の数が多かったのではないかと記憶している。戦争で傷めつけられた国土、特に交通機関はそれによって更に大きな打撃を受けることとなった。大村の駅を出た夜行列車の窓に叩きつけるような雨が流れていた。ちょうど中国地方を縦断して台風が通過している頃だった。汽車は満員だった。外は真暗闇で、その中をノロノロと進んでいった。夜が明け下関を通過した頃から天候は回復し始めたが、列車は各駅停車のようにノロノロと動いては止まり、柳井港（山口県）に着いたのが午後三時頃だった。駅のホームも外も人であふれていた。広島を中心として台風で線路がやられ、不通。当時はもちろん、振替輸送などあろうはずもなかった。尾道まで行かなければ東京行きは出ないという。私は呆然とした。私のような復員者の軍服姿が目立ち、その間に大きな荷物をかかえた引揚者の人々も大勢で、相談する相手もいない。見ていると各々が持って来た米を炊いたりして野宿の準備にかかっている。私も歩こうと決めて、竹藪の陰で持って来た飯盒で米を炊いて梅干で夕食をとった。あとは線路づたいに歩くだけ。

そのとき辺りを見ていて私はふと、一枚の厚い封筒を見つけた。誰かが落としたのではないかと思ったが開けて見ると、熊本だったかの憲兵隊の伍長に対する呼び出し状であった。はっきり覚えてはいないが、連合軍司令部からのものだった。「このものに便宜を計らうべし」となっている。

機帆船で船賃を出せば尾道まで送ってくれるというので港に行ってみた。鈴なりに人を乗せて船が出て行く。「いくらか」と聞くとたしか二百円と言われた。私の二十円では手も足も出ない。ふと思いついてその封筒を出してみた。警察官か船長か覚えていないが、封筒の中を見て私に乗れと言う。しかもタダでいいと言う。間違えられたと思ったけれど黙って船に乗った。助かった。何時間かかったか覚えていないが尾道に着いた。
尾道から無蓋車の貨車に乗り込んで東京へ向かった。貨車の中で同じ年頃の兵隊から「今村さん」と声をかけられた。近所の床屋さんの息子だった。背中に真赤なヤケドのあとが痛々しく盛り上がっていた。「どうしたの」と聞くと「広島でやられた」と言う。「痛むけどとにかく家に帰りたくて」。二人は家の近くで別れた。間もなく彼は亡くなった。

私は東京に帰ったが、しかし試験は駄目だった。父は私と治輔に、若いのだから一からやり直せと言ってくれた。父も復員業務が終わり次第職を失うし、戦後の生活は貧しく暮しは楽ではなかった。

翌年私達は旧制高校を受験した。兄弟で同じ高校はどうかというので、相談の結果弟は東京高校、私は府立高校を受けた。幸い二人とも合格した。昭和二十一年三月のことだった。

旧制高校に入学　昭和二十一年四月高校に入学はしたものの、教科書はなし、授業も始まらない。先生たちは校庭で食糧補給のため芋づくりに精を出す時代だった。教育も混乱期に入っていたのかもしれない。とにかく何の授業もない。

そのうち新円の切り換えが始まり生活が厳しくなって来たので、私は近所の植木屋で働き始めた。植木屋は当時、進駐軍の宿舎の庭作りで忙しかったのと、植木の輸送に米軍のトラックを使ったので、片言でも英語を話せる人間を必要とした。私も英語は駄目だったが植木屋のオヤジよりはましというので頼まれて乗った。自分でもずうずうしいとは思ったが、仕事は簡単で運転手の米兵に「そこを右」とか道を教えるくらいだった。日給は新円で十一円だった。

米軍のトラックで埼玉県まで行って植木を買い、それを米軍の宿舎に植える。だから土方仕事も多く朝六時から夜遅くまで働かされた。植木屋の仕事といっても、時には横浜の焼け跡に残った風呂屋の倉庫から紙のロールの隠匿物資を運んだり、闇商売もあったらしく、その手伝いもさせられた。私は今までとは違った意味でタフになっていた。

こんな事もあった。職人達で青山(東京・港区)の焼け跡の土蔵の地下を見に行った。そこは多分、米兵と夜の女性の密会場所で、米軍の簡易ベッドが置いてあった。捨てて

旧制高校時代（手前右から２人目）

あった新品のラッキーストライクを拾って持ち帰り、昼休みに職人仲間とそれを吸っていると、休憩中の米兵から呼ばれた。相手は軍曹だった。相手の前に立った瞬間いきなり殴り倒された。立ち上がるとまた殴る。鼻血が飛び散った私がカッとして立ち上がった時、仲間達が一斉に駆け寄って来た。特に一人の職人は腹巻に手を入れて寄って来た。皆の怒り方は尋常ではなかった。

今になって思うのだが、多くの仲間は戦争に行きそれなりに闘うことについては当然と思っていたし、特に非合理に立ち向かうのは当然という空気があった。時代が変わった今日、果してその点はどうだろうか。

米兵達が止めに入り私達は兵舎内の隊長室みたいなところへ連行された。英語はよく分からなかったが、隊長はすぐ軍曹の非を認めて詫び、衛生兵が手当をしてくれた。私達も、米兵は闇タバコとでも思ったようだと納得して部屋を出た。部屋には畳二枚分くらいの女性のヌードポスターが貼ってあった。

九月になって授業が始まった。一方、生活はますます苦しくアルバイトで休む学生も多かった。旧制高校は多くの人のいうように人生の友との出会いの場でもある。もちろん、勉強もあるが、何よりも若さと若さのぶつかり合う時期である。

どんなに生活が苦しくとも、その中で友ができ、終生の付き合いをすることとなる。すでに故人となったが、里見昭君（元山一証券副社長・山一投信社長）もそのひとりだった。高校、大学を通しての六年間、よくもあれだけ一緒にいたと思うが、何を話したかと聞かれれば、何だか議論ばかりしていたような気がする。

二十二年に入ると私達も戦後の社会の変化と混乱の中で新しい思想というか色々な影響を受け、自分自身のことを考えて行くこととなる。私の場合、戦前の教育と全く違った環境での色々な考え方との対面となった。その影響は強烈だった。

二十一年の終わりだったか、新劇の「火山灰地」の戦後初上演、つづけてシェークスピアの「真夏の夜の夢」を観た。弟と一緒だったが、あの印象は強烈だった。戦争中にドイツ映画「潜水艦西へ」とか「燃える大空」とか観ていた男にとって、新しい世界が開き始めているのを感じた。

同時に、日本共産党の再組織化が始まり我々学生に対して大きな影響を与えていった。特にマルキシズムは戦争との対極の中で我々に、砂に水が浸みるように吸収されていった。周囲の環境として労働組合運動がどんどん発展を始め、学生運動も盛んになっていた。私の考え方もその影響を受けて急激に変化を始めた。特に私は単純な思考の持ち主だったせいか、一層その影響は早かったように思われる。

ただ、今にして思うのだが、二十世紀は「社会主義の幻想、資本主義の崩壊」に始まり「資本主義の幻想、社会主義の崩壊」に終わるとよくいわれる。戦後のあの時期、日本の思想界はまさに「社会主義の幻想」の真只中にあったと思う。日本の思想界はマスコミを含めて今でもまだ、その影響下を抜けることが出来ないでいるのではないかと思うことさえある。ともあれ、その影響は私にとっては具体的な形をとっていくこととなる。

府立高校の自治会を中心とした学生運動は、当時の森脇校長に対する戦争責任追及運動もあったが、基本的には学内の自治活動が中心だった。労働運動の動きとこれを中心とした日本共産党に関連した動きにも関心を持っていた。しかし今考えてみると、誠に幼稚な活動でしかなかったし、むしろロマンチストと思われるような動きではなかったかと思う。

今でも記憶しているが、昭和二十二年、戦後初めて組織された最大のストライキ「二・一スト」が連合軍指令部の命令によって中止されたとき、私達何人かの学生は東急労組の洗足の電車区で、産別議長の伊井彌四郎の中止声明をラジオで聞いた。あの時の組合員が見せた情熱というものは、その後の労働運動の原点になったのかもしれない。

一方で、高校のクラスではマルキシズムだけでなく色々な議論が行われていたし、徐々に近代的な思想や思考形態が取り上げられ、我々もそれを吸収し始めていた。たしかに戦後の日本の思想界は、基本的にはマルキシズム全盛の時代であった。戦前戦後を通して日本の政治体制の中で欧米のような自由な思想の発展というものは見られなかった。

しかしようやく、我々も色々な思想の影響を受け、マルキシズムが絶対ではないことに気づき始めていた。

現実の世界の政治は、中華人民共和国が成立し、ソビエト連邦を中心とした共産主義の勢力と、米英を中心とした資本主義の勢力による戦後五十年にわたる冷戦が始まろうとしていた。我々学生達もよく、ソ連大使館というか代表部に呼ばれて映画「石の花」「シベリヤ物語」などを見せられたりした。ソ連は色々な意味で日本の労働運動や学生運動に影響を及ぼし始めていた。

しかし一方では西側中心の近代経済学の基礎となる思想も日本の学界に影響を及ぼし始めていた。私もマックスウェーバーの『プロテスタンティズムの倫理と資本主義の精神』、ノーマンの『日本における近代国家の成立』などに強く影響を受け始めていた。

そんな状況の中で高校三年も過ぎようとしていた。

府立高校はまさに自由な校風だった。我々は三年間、自由勝手に議論しそれぞれ勝手に好きな事を学んでいった。生活は苦しかったが、若さでそれを乗り越えていった。この三年間は戦前と戦後の間の変化について、我々に考える時間を与えてくれたのではないかと思っている。

学生運動に明け暮れた東大時代　あっという間に三年間が過ぎ昭和二十四年三月、東京大学経済学部を受け合格した。余り勉強もしなかったので運が良かったのだと思う。

入学試験の合格発表の日、掲示板を見ていると、その後ろの窓が開いて「おい今村、受かってるぞ」という人がいる。高校の時の先輩の武井昭夫さんだった。武井さんは全学連の結成を進めていた。故人となった安東仁兵衛さんらとともに当時の学生運動の中心人物だった。「入ったらおれんところに来い」と言われて、私は何となく「はい」と返事をした。

二十四年四月大学生活が始まった。府立高校からは里見昭君、石原秀夫君（元日本興業銀行―ゴールドマン・サックス証券副社長、故人）らがいた。授業が始まった。授業は私にとって特定の教授を除いてまさに退屈だった。特にマルクス経済学の原論は全くおもしろくなかった。

私は武井さんの話もあって全学連の事務局に顔を出した。さっそく手伝ってくれといわれて働き始めた。当時の全学連は、簡単にいうと日本共産党東大細胞の指導下にあっ

東大時代（上の右）

た。

一口に学生運動といっても組織体が運動を始めれば人の動きは激しくなる。印刷物も必要だ。要は金がかかるということである。上に立ってアジ演説を行ったり派手なパフォーマンスもその陰に事務局の活動がなければ出来ない。私はその地味な仕事を引き受けた。例えば会費の徴収のため全国の大学の自治会を回って集めて来る仕事なども多かった。そのため東京から鹿児島まで各駅停車で大学のある都市に降りて回ったりもした。全学連の組織化は進み、武井さんが初代の委員長になっていた。

一方で、私自身は学生運動をやりながら近

代経済学への傾斜を深めていった。特に大塚史学が私に与えた影響は大きかった。授業には出ないくせに著作は読みふけった。

昭和二十五年二月だったと思うが、スターリンの書簡の形をとって日本共産党の政策に対する批判が行われた。共産党はこのコミンフォルム批判とともに分裂を始める。徳田球一、伊藤律のグループと、宮本顕治、志賀義雄のグループに分裂する。全学連にも当然影響が出て混乱が始まった。全学連中枢は国際派と言われた宮本、志賀らのグループに属した。私はその分裂の意味がよく分からなかった。その必要性も全く理解できなかった。むしろそんなことより、伊藤律の女性関係に反感を持つ方が、大きかったかもしれない。全学連そのものが学生運動に対する指導力を徐々に失っていった。

二十五年五月朝鮮戦争が始まった。どちらが仕掛けたか、南か北かとあの当時は随分議論になった。しかし日本のマスコミ、評論家は南からだと言う人が多かった。当時の南北の軍事力の差からいって全く考えられない暴論を、みな信じ込んでいた。この問題はスターリンの死後明確になるが、それでもそれを否定しようとする日本の政治家、知識人がいるのは不思議でならない。国連軍の仁川上陸作戦もあって戦局は逆転、一時は国連軍の勝利かに見えたが、中共軍の参戦によって徐々に膠着状態へと変わっていく。

この間に学生運動は混乱を極めていく。各自治会も共産党両派の工作もありそれぞれの立場を明確にし始める。当時の全学連内部では朝鮮戦争に対する反戦運動やレッドパージ反対闘争を進めるために、国際的な連帯が必要だという意見が強くなって来た。そこで、毎年チェコのプラハで行われる国際学生青年平和友好祭に代表を送り、我々の主張を発表しようということになった。行くのは武井委員長に決まった。海外へまともに行くのは無理だった。まず中国へ密航することになり、私にその準備を進めろという。私は全くどうしていいのか分からなかった。取りあえず、ある人の紹介で香港系の華僑に会った。

忘れもしない五月のことだった。東大の三四郎池のほとりで段取りを聞いた。要するに、船長が英国人であとの船員は中国人という英国船を選ぶ。その船が神戸に入港し乗組員が上陸する。その人達が遊んで帰って来る時に一人まぎれこませる。ＭＰの監視は比較的緩いという。乗ったら米ドルを船長に示して香港への密航手配をする。

今考えてみると、あれは本当だったのか騙されたのかよく分からないのだが、その華僑の人は調査の結果信頼出来る人だと判断されるし、そのあとの手配についても信用出来ると判断されたので、皆と相談してその話に乗った。私は資金の準備などを進めてその時を待った。八月初め入港予定の連絡があって武井さんと二人で神戸へと向かった。大学の友人の紹介で六甲の別荘に入り、連絡を待つ。船の入港前に三ノ宮に呼び出され最後の打ち合わせを行い、船名が確認された。当時の神戸三ノ宮はまさにバラックの集まりであった。表通りでは色々な食品や衣料が所狭しと売られていたが、路地裏に入ると中華料理店を始めとする色々な臭いが入り交じり、一度踏み込むと出口が分からない一画が駅のそばにあった。

その打ち合わせに基づいて港に近い旅館に移動して連絡を待つ。船は入港し、船員は上陸した。いよいよと思って緊張した。夜中の十二時頃連絡があった。今夜はMPの検査が極めて厳しい。このまま行くと逮捕される危険があるから、時期を待てという。やむなく中止することとした。残念ながら中止になって二人は別々に東京へ引き返した。今考えてみると若気の無鉄砲さというか、非常識というか。

仮に成功したとしても、当時の国際関係からいって果たして共産国側で受け入れてくれたかどうか分からない。しかし当時はそうした判断よりも現実の国際情勢に疎かったためか、単純な結論へと走ったように思う。私は私なりにかなり緊張して事に当たっていたのを鮮明に覚えている。

日本共産党は分裂し徳田球一、伊藤律などが支配する政党となった。東大細胞は国際派として除名され、学生運動は分裂し主導権争いが表面化していく。もはや学生運動全般に対する影響力はなくなっていた。全学連事務局の機能も開店休業となっていった。私はその段階から組織を離れ大学に戻り始める。戻り始めるといったら語弊があるが本当にそうだった。私は嘉治直三先生のゼミに入り実証主義的な勉強を始めた。大塚史学の影響を受けた私は、産業革命以降、いやもっと現代の変化に関心を持つようになった。現代史に対する私の関心は今日まで続くことになる。

小野田セメントの社長時代、中国への投資の話が進んだ時、また政府間交流の時、日本側のあいさつでは押しなべて、日中の関係を古い昔、例えば唐の時代からの交流の歴史を取り上げる。しかし本当は日中の現代の関係の歴史が重要だと思う。日本人は現代史を十分に理解していないし、また本当の事を言えない。言いにくいのだろうか。

日韓日朝関係でも、三十六年にわたる植民地支配を退けて現象的なものだけで考えてはいけないと思うが、微妙にこの問題を避けて通る。日本人はもっと堂々と歴史と向かい合うべきではないか。そのことが逆に日本の国際的地位を上げることになるし、政治外交でも、もっと堂々と発言できるようになるはずだと思っている。

三、小野田セメントに入社

安藤豊禄社長が面接　就職の季節が来た。私は基礎産業に行こうとはっきり決めていた。しかし、全学連に出入りしていた新聞記者から「あんたには就職口はないよ」と言われた。成績も良くなかったし、それもそうだと思った。

ある時、山上会議所で就職の説明会があった。秩父セメント社長の諸井貫一さんが面白い話をした。「余り大きいところばかり狙うな。そうでない方が自分の力が発揮出来る。一つの基準として、将来を目指して最近、東京へ進出し始めた会社を選べ」と。私には大変印象的だった。特に私のような学生運動ばかりやってきた人間には簡単に就職口があるわけがない。しかし就職はしなければならない。どうせ大会社は、調べられればだめだし、諸井さんのいう通りかなと思って調べてみると、小野田セメントがその一つだった。社長は安藤豊禄氏で、昭和二十六年（一九五一年）九月に東京へ本社機能を移したばかりだった。場所は第一鉄鋼ビル（東京駅前）。

私は試験を受けてみるかと思って、父に話すと、「安藤さんのところか。戦艦陸奥に乗っていた時、小野田セメントの煙突を目標に砲術練習をやってたな」と妙なことを言って、「まあ受けてみろ」と言う。その他に三井鉱山などを考えていた。

十月試験を受けた。感想文と面接だけだった。面接で安藤社長から「君のお父さんやおじさんたちは優秀なのに、あんまり成績は良くないねえ」と言われた。だが採用の通知がすぐ来た。東大経済学部からは細田末吉君（公認会計士）と私の二人だった。それから五十年以上の月日をこの会社で過ごすことになるとは、その時は思ってもみなかった。就職が決まってから母と、安藤さんのところへ挨拶に行った。夫人のつるさんから「あら可愛い坊やね」と言われた。こんなことを言われたたのはあとにも先にもこの時だけである。

卒業も近くなった。二十七年一月、会社から通知があった。卒業まで時間に余裕があるのなら出社するようにということだった。人事課に出頭すると、入社まで書庫の整理を手伝うよう指示を受けた。要するに、小野田市から本部が引っ越したばかりなので書庫の整理がついておらず、それを手伝えということだった。

私の担当したのは小野田セメントの戦争中の人事記録であった。前にも触れたが、戦前小野田セメントは朝鮮、満州にセメント工場を持ち、かなり手広く経営を展開していた。太平洋戦争中は軍の命令によって南方のセブ、マカッサルなどにも工場を建設、運営していた。

したがって小野田セメントの従業員は家族を含めて満州、朝鮮に赴任し会社の経営に当たっていた。その数は家族を含めて千五百名程度に上っていた。終戦に伴い当然多くの悲劇が生ずることとなった。特に牡丹江工場は引揚家族三十二名に対し死亡社員・家族百七名という悲惨な結果となった。フィリピンでも引揚者四名に対して死亡社員二十一名という悲劇が生じた。

ある人はソ連軍侵攻時、妻子が逃げ込んでいた防空壕に手榴弾を投げ込み、自らは戦争に参加している。その人は生き延び戦後復職した。のちに私は二年ほどその人と同じ職場にいたことがある。真面目な温厚な人だったが、心に負った傷は余りにも大きく、酒を飲まずにはいられない毎日で、余りにも痛々しかった。

終戦まで海外で経営していた十八工場をすべて放棄したわけだが、引き揚げて来た六百有余名の人を安藤豊禄さんは全員受け入れた。安藤さん自身も朝鮮小野田セメントから昭和二十二年に引き揚げて来ており、同年河内通祐社長の公職追放により、二十三年に社長に就任した。

私が社長になってからのことだが、亡き大島健司会長のお伴をして築地のある料亭に行ったことがある。その時料亭のおかみから「あなたの会社に石田昇造さんという専務さんがおられたでしょう」と言われた。会長が「私の先輩でね。もう亡くなられたけど」と返事をすると、おかみは「私のところの仲居さんが満州時代大変御恩を受けて今でも感謝しています」という話だった。

終戦当時石田さんは満州小野田のハルピン工場長だった。ソ連軍からの女性提供の話があった時、社内でも社員の奥さんというわけにはいかないが、やむを得ない。どなたか犠牲になってもらったらという意見も出た。そうなるとその仲居さんも対象になるというのである。石田工場長は断固として反対した。ひとりも犠牲にしない。事実、最後まで守り抜いたという。おかげで今があるのですという。大島さんも私も初めて聞く話だった。

戦後、小野田セメントは多くの苦難を乗り越えて今日までやってきたが、その発展の原動力となったのは、当時全社員を受け入れた安藤豊禄社長の決断と、帰ってきた多くの優秀な人々の情熱と努力であった、と私は思っている。

藤原工場会計係で五年　昭和二十七年（一九五二年）三月いっぱい書庫の整理をやって四月一日入社した。同期は四十人くらい居た。当時セメントは三白景気の影響下で景気も良かったせいか、優秀な人々が多かった。正確な人数は覚えていないが、東大、京大、一橋、東京工大出身と多士済々であった。研修期間はほとんどなく、二日間の会社説明と酒飲み会があって、配属が発表された。どういう基準で決まったか分からないが、私は藤原工場勤務を命ぜられた。

私が昭和四十年に人事課長になった時、当時の労務担当の塚本清専務から手帳を見せられた。手帳の頁には二十七年入社の社員の名前、学歴などの記録がキチンと書き込まれていた。どういう訳か、私と米川滉君（元小野田エー・エル・シー＝現クリオン＝社長）ともう一人に赤い丸がついている。「これは何ですか」と聞くと、「危険分子で要監視付ということだ」「君は今でも問題児だが、入った時から問題児だよ」。まことに歯に

入社当時の藤原工場

衣を着せぬ言い方をされた。ただ、米川君は東京本部勤務だったところをみると、私の藤原配属はそれが理由ではないらしい。

藤原工場への配属は事務系二人、技術系二人だった。五日にはもう藤原へ行った。名古屋で近鉄に乗り換え、四日市市内の富田駅から三岐鉄道で山の中へドンドン入っていったところに、藤原工場があった。独身寮は満員で一緒に行った二宮輝彦君（京大出身）と社宅に住むことになった。こうして昭和三十二年まで五年にわたる藤原工場の生活が始まった。

次の日工場で配属が決められた。当時工場長は村上善三さんで、次長は岩田弌さんだった。岩田さんから「二宮君は簿記の勉強をしているようだから倉庫係へ、君は簿記が出来ないだろうから会計係で勉強しろ」と言われ、私は会計係に配属された。以後五年間、会計係をやらされることになる。今考えると、これが大変よかったと思っている。

四月初めは決算の時期であり会計係は忙しい。清水実生係長以下大変忙しそうで、勉強しろと言われても何となく落ち着かない。何をやっているのかと聞くと、固定資産台帳の整理で財産目録の作成だという。それなら出来ると思って係長に頼んだら、難しい顔をして考えている。理由を聞くと、私の字はまだ会計用の字になっていないという。たしかに私は字が下手なのは自覚しているし、それはそうだが、みんな残業をしているし、何とか頼み込んで一枚書かせてもらった。一枚書くのに半日かかったが、合格以後一日で五〜六枚書けるようになった。

藤原工場で会計係勤務となったが、文字通り初めての仕事である。仕事そのものはすぐ覚えたし、単調な仕事の繰り返しである。私は早く原価計算や税務関係の仕事をやりたいと思っていた。ただ、独身寮の生活は大変楽しく過ごしていた。友人達と酒を飲み、麻雀をし、その点は私には十分満足できるものであった。従来、小野田セメントでは、

「大船渡では酒飲むな、藤原では麻雀するな、津久見では議論するな」といわれていた。そのしてはいけない麻雀を覚えた。相手はみな強いから負けが多くて年がら年中小遣いには苦労していた。今でも余り強くなっていない。

一年くらい経って工場の原価計算を担当させられた。そのやり方は小寺多久見さんが先輩としてキチンと教えてくれた。今でも有難いと思っている。小寺さんは一面、大変厳しい人で「君も大学出だ。一度聞いたことは二度と聞くな」と言う。分からないことが出てきても聞けないから、自然に自分の目で見本を調べ、結構勉強したように思う。そのうち段々と分かってきて、数字というものはその気になって見ていると生きていると思うようになってきた。

当時、日本経済の復興は進み、徐々に復興期から発展期への一歩を踏み出そうとしていた。それに並行して、会社経営も米国の近代的な経営管理方式を導入しようという機運が強くなっていった。それは私の学生時代にも、近代経済学や統計学が盛んになるといった形で始まっていたが、会社経営の分野においても会計制度や原価管理のあり方など新しい方式が採用され始めていたのである。

私も原価計算をやりながら、単にコストを計算するだけでなく、費用の発生の状況を分析し、いかに管理するかという原価管理に関心をもつようになった。会計の近代化、特に原価管理という思想が入るようになると、それにどんな意味があるのか、今までの方法で何か不都合があるのかという考え方とぶつかるようになる。それは小野田だけでなくどこの製造メーカーにもあったと思う。

藤原工場で同期入社の佐藤長光君（左）と

そういうなかで、藤原工場に着任して二年目の秋だったと思うが、工場のコストを洗い直してみようと思いたった。半年くらいかけてあらゆるコストを調査し、生産工程から運転・休転時の超労の発生のケースや、燃料原単位、ボールミルの消耗と交換の関係とか、耐火煉瓦は変動費か固定費かなどと、すべて分析してみた。その分析を藤原工場の損益分岐点分析としてまとめ本社経理部に提出した。本社経理部でもそういう問題意識をもつ人が増えていて、全社の原価管理会議でレポートの内容を説明するように命じられた。

当時小野田では、昭和二十九年ＩＢＭの統計会計機の導入に始まって、いわゆる事務の機械化が進み始めていた。株式業務、給与計算システムの実施、生産運転状況のオンライン化と進んで行くのだが、会計制度への導入は色々な意味で問題が多かった。導入に当たっては現行の制度そのものの合理化が必要となる。

事務機械化委員会が発足し私も委員の一人になった。しかし私はどちらかと言うと、機械化に肯定的ではなかった。理由は本当に採算がとれるのだろうか、現状のままで導入しても利用効果があがるのだろうかということで、米川滉君たちと熱心に議論を重ねた。その最中に、大船渡工場へ転勤することとなった。

結婚　昭和二十九年十月、私は結婚して藤原工場の社宅で生活を始めた。妻は旧姓中村菊枝といい、千葉県沼南町の医者の娘だった。青山学院大学を出て、地元の中学校の先生をしていた。恋愛か見合かと聞かれれば恋愛だと答えた方が正解だ。出会いは東大の五月祭。卒業後二年して結婚した。

私は陸士、高校、大学を通してまわりは男ばかりだったから女性を知らない。しかも軍人の家庭で男の兄弟ばかりだから、母に言わせれば、父を含めて「男五人の、私は寮母」ということになる。女性心理もなにも全く理解出来る家庭ではなかったし、女性に対するデリカシーなんて、そのこと自体理解出来ない環境だった。

今でも家内からよく言われるし、家内の友人達も知っていることだから言うと、結婚前に藤原工場の職場旅行で下田温泉に行った折、帰りに東京に寄って行こうと思って彼女に土産を買うことにした。今なら人形とかお菓子類を考えるが、その当時はサッパリ分からない。私は下田なので吉田松陰を思い出した。そこで吉田松陰の胸像を買って持って行った。貰った彼女はビックリしていた。そりゃそうだろうと思う。姉さんたちに見せたら「この人大丈夫?」と言われたらしい。

恐らく結婚後もいろんな意味で気持ちは行きとどかなかっただろうし、随分迷惑をかけたに違いない。結婚式は東京学士会館で内輪だけで挙げた。当時は四月、九月の二回決算だったので十月は忙しく、式後すぐ藤原工場へ戻った。藤原では当時新婚社員用の社宅が新築されていてそれに入った。社宅では向かいが長沢昭明さん（元山口小野田レミコン社長、元全生連副会長）の家だった。

給料は手取り一万円くらいだったと思う。月賦で何やかやと引かれて家内も生活は楽ではなかったと思う。おまけにすぐ下に独身寮はあるし、寮生が遊びに来て色々やってくれるので、家内も苦労したと思う。

結婚後今日まで五十年の月日が経ってしまった。そのうち特に藤原、大船渡と工場で足掛け十三年の月日を過ごした。子供もその間に三人生まれ、息子一人は藤原で、もう一人は大船渡で、一番下の娘も大船渡でチリ津波の年に生まれた。

それぞれの土地の人となじみ、今でも家内はその人達との付き合いを続けている。安い給料の中で子供達のセーターを始めシャツ類も手縫いで、ひとりでやりくりをしながら、一方で健康でおだやかな家庭をつくってくれたと思っている。私にとって何より有難かったのは、家内が健康であったことである。

大船渡時代は長かったし、子供達も幼稚園時代を過ごしたが、あの生活は今でも良かったと思っている。大船渡時代が長かったので工場の次長から「君の名前は人事綴りのヒモのカゲにかくれているのではないか」と冗談をよく言われた。家内も私が会社から帰ると、「今日も転勤の内示はなかったの」と聞くくらい長かった。今となっては良い思い出でもあるが、当時は家内も苦労したと思う。

子供達は三人とも成人し、孫も三人となって、ようやく老後に向かおうとしているが、どういう訳か子供達は組織人というより独立心の強い人間に育ってしまった。特に既成の秩序とか概念に縛られるのがいやな子供達ばかりである。恐らく、それぞれ個性のある一生を過ごすのだろう。自分の力で自分の道を切り開くことを願っている。

東京へ転勤したのは東京オリンピックの年で、小野田セメントが戦後最悪の状態に直面しようとしていた時でもあった。そのため転勤後も苦労の連続となった。何とか乗り越えて今日までできたが、私にとって妻の支えなしには今日はなかったと思っている。

長沢昭明さん　藤原工場勤務は五年に及び、そのあと昭和三十二年に大船渡工場に転勤して七年半と、私は十二年半工場にいた。それは貴重な経験であったが、特にこの間に多くの先輩に接することができ、また友人ができ、その後、長い付き合いになった人も多い。藤原工場では長沢昭明さん、大船渡工場では山根勇雄君（元副社長）、石田昇君（元専務）、田森久雄君（元専務、現上陽レミコン会長）などと一緒だった。

特に、長沢さんとは一歳違いで、私が藤原に行ったときはすでに動力係の副係長をやっていた。キルンの増設工事の電気関係を担当しており、以来五十年近い付き合いとなった。独身寮、社宅も一緒だったが、彼は工事屋だから会計屋とは違ってうらやましいくらい貰い物が多い。社宅の中でテレビが最初に入ったのも彼のところで、みなが見に行ったものだ。当時はセメント業界あげて能力増強の時代で彼も忙しく、毎日のように残業をしていた。

その後、私が藤原を出る一年くらい前に恒見工場（福岡県）に移り、さらにキルンの増設工事に従事した。昭和四十二年に山口小野田レミコン下関工場長として出向したが、その発令をしたのが、当時人事課長の私だった。「どうして生コンに行かせるんだ」と苦情を言われたのを覚えている。その後彼は生コン業界の組織化、近代化で大きな役割を果たすことになるが、私も生コンに出向し、東京支店長になり、さらに営業担当になって生コン政策を進める際にいろいろ議論する関係になり、本当に長い付き合いになった。何でも言い合える仲で、私にとって貴重な友人である。

四、大船渡工場時代

改良焼成法の導入　私が大船渡への転勤辞令を受けたのは昭和三十二年（一九五七年）三月のことだった。二十六、二十七年入社の五人が全員転勤することになったが、三人は本社や支店で、私ともうひとり松倉茂登武さんが大船渡行きとなった。当時の藤原の商務課長は以前、大船渡におられた人で、どんな所ですかと聞くと「大変景色がきれいなところだ」と言われたが、着任してみると、私の想像とは全く違っていた。他の人は東京や名古屋に転勤するのに、こちらはまた工場だから、多少フテくされ、ノンビリして花見をしてから行くことにした。大船渡の桜の見頃は四月末だから、その年は二回花見をすることになった。

四月の初めに大船渡工場に移り商務課会計係副係長になった。市内にあった係長社宅が満員だったので、工場からさらに離れた工場の現場の人たちの社宅に入居した。仕事は藤原のときと同じだったが、こんどは副係長として人を指導する立場となった。係長

大船渡時代、沢口喜悦さん（左）、子供たちと

の植村正男さんも私の意見をよく聞いてくれた。工場長の河合清六さんは、私が藤原時代から勉強していた原価管理の考え方に対する良き理解者だった。当時の技術屋さんとしては珍しく、その考え方を具体的に実践した。

我々は生産課などと協力し組織的にコスト管理を推進することになった。ただ、技術屋さんにしてみれば、現場を知らない会計屋が出しゃばって、修繕費がどうの、ここのコストが高いとか言うものだから、相当反発があったのも事実だ。そういう色々な議論の中から新しい会計のあり方の原型が出来ていった。また、生産課の人たちも我々の問題提起に反発しながらも、生産管理を近代化していく契機になった。

私にとっても、藤原で勉強したことが実践的に生かされ、大船渡時代は実りの多い時期だった。いろいろ議論し問題提起をするためには現場を知る必要があり、現場の人々の意見を聞かなければならない。こうして現場の人々との密接な関係ができたことは、のちにも生きてくることになる。

例えば労働組合の佐野誠一さん、佐々木勇さん（いずれも故人）、佐藤大三郎さん（当社OB、市会議員）たちとも随分やりあった。特に佐藤さんにはその後も色々な意味で助けてもらった。わたしは心から彼には感謝している。

昭和三十年代は日本経済の第一次高度成長期といわれたときで、セメント需要も伸びていた。各社が能力増強を積極的に進めていた。ところが、増設に次ぐ増設で設備投資が増え、収益だけでは賄い切れなくなって、借り入れが増え金利負担が重くなっていった。一方で、新規参入も含めて各社とも増設を進めたから市況が下落し、三十五年ごろから会社の業績は急速に悪化していった。

借り入れのためには利益を出さなければならない。しかし現実には実質減益となっていたから経理操作が避けられなくなった。粉飾決算まがいのことをやり利益を出していたが、実際はもっと悪いわけだから資金繰りにも当然、影響してきた。

私は当時、決算対策の専門家だったと思う。例えば、耐火レンガを取り換えれば、一般的には費用だが、耐久性が長いことを根拠に資産にくみ入れれば費用にならないから利益がかさ上げされる。当時一方では税務調査が行われていた。小野田セメントは広島国税局の管轄下だった。税務調査の工場でのポイントは費用性の認識にある。特に修繕費と資本支出の関係は常に議論の的となった。

税法では、例えばモーターのステータコイルの巻き替えは資本支出だという風に、例示的にしか示していない。個々のケースは解釈によって全く変わる。我々は修繕費と言い、国税の担当官は資本支出だと言って、やり合うことも多かった。百万円の修繕費を費用と見るかそうでないかによって五十万円の税金が変わる。議論になるのは当然のことである。

粉飾というのはその逆をやろうということになる。今はどこの会社だって粉飾決算などできないし、また、してはならないのは当然である。しかし、戦後の日本経済の復興過程ではどこの会社も操作はやっていたし、そうしなければ資金調達をして急速な需要拡大に対応することができなかった時代である。良し悪しは別として、それが現実だったし、その結果投資を拡大して設備を増強することによって、昭和四十年代の高度成長を支えたのも事実だと言えよう。制度というものは絶対不変のものではないし、その時代時代の変化の中で変わっていくのが当然ではないだろうか。従って過去の歴史を現在の基準だけであげつらうのはどうか、と私は思っている。

それはともかく、過大な設備投資や関係会社への投融資などで業績が悪化したわけだが、特に小野田の場合、改良焼成法の導入がそれに拍車をかけることになった。改良焼成法というのは、石灰石を予め生石灰に焼成しそれをキルンに投入することによってクリンカを製造する方式である。当時、設備カルテルによってキルンの増設が制限されていたため、キルンを増やさずに増産するという発想から、安藤社長が導入を決めたものだった。これによってたしかにキルンの時間当たり能力は増え、焼き出し量は増えるのだが、投資とのバランスは取れていなかった。

生石灰を焼成する竪窯をつくる投資が必要なうえ、石灰石の増産、輸送力の増強からミル、クーラーの増強と投資がかさむ。予め生石灰をつくるという方式は、ある意味では今日のSPキルンと同じ発想で間違っていなかったのだが、小野田の改良焼成法はコストではなく、量中心の発想であり、そこに致命的な欠点があった。我々会計の人間は当初からその点に疑問を持っていたが、技術系の人々は増産ということで喜んでいたし、大変緊張した雰囲気だった。そもそも安藤さんの発想に反対意見を述べることなど出来る雰囲気にはなかった。

改良焼成法への転換工事は昭和三十四年に藤原、津久見、小野田の各工場で完成。次に大船渡にも導入する計画が決まっていた。その工事の準備を始めた矢先の三十五年五月二十三日、大船渡はチリ津波に見舞われる。

閑話休題　チリ津波について述べる前に触れておきたいことがある。この人物史話が連載されるに当たって、私は何を書き何を書いてはいけないかを考えてみた。

私が小野田セメントの社長になったのは昭和六十年のことで、十一代目の社長であった。戦前からの小野田セメントの伝統、戦後の安藤社長を始め森、松本、大島社長のあげられた功績を考えると、私は一切を沈黙の中に葬るのが一番いいと思っていたし、今もそんな思いがある。しかし一方、戦後の浮き沈みの中で会計屋として参加し見て来たことを、ひとつの見方として書いておかねばならないのではないかとも思う。それは経理マンの良心というものが、現実の社会の中でどう扱われて来たか、またその良心に忠実になることがいかに大変だったかということでもある。

今日まさに、国際化社会への順応とか経営の透明性とか色々な制度の変革が行われている。私は逆の意味で今の状況についてあえて問いたいと思う。日本経済の変化の中で、今のような各方面にわたる制度の変革を、日本社会の現実を無視して進めてはいないか、またそれを経営者に強制することが果たしていいのか、疑問に思う。

また経理マンの良心といったが、安藤さんを始め経営者は、経営の責任とは将来を見通し、経営の改善方向を定めることだと、当然考えていた。当時の安藤さんには、確実にセメントの需要は増えているし、日本の経済発展のために今後もっと必要になるという確固たる信念があり、そこに夢があった。従ってわれわれ経理マンの考え方だけをもとにして経営の方針は定められない。そこに社長としての苦しみと決断があったと思う。

私は、安藤さんはまさに信念の人だったし、高い視野に立って見る人だったと、改めて今、思っている。私は先輩社長、とくに安藤、大島両社長についてはどうしても書きたい。書けば批判も出るし、下手をすると暴露ものになる。

当時一社員に過ぎなかった私が、今改めてこんなことをいうのはおこがましいが、社長になって改めて安藤さんと同じ経験をすることになる。その時の私の決断が正しかったかどうか、今でもよく分からない。だからこそ安藤さんをはじめとする人々のことは私なりにどうしても書きたいと思った。

それが私の書く動機だしそういう考え方をもって書いていこうかと思っている。従って私のことより先人たちの苦しみを私は書いていきたいと、そんな風に今考えている。

チリ津波　さて、チリ津波のことであるが、当日の朝は曇って湿度の高い日だった。朝四時頃だったと思うが、サイレンの音にたたき起こされた。火事だと思い、社宅の二階の小高い所から街の方を見ると、海の上に屋根や材木が流れ、牛なども流されて行く。初めは何が起きたのか分からなかったが、津波だと分かりびっくりした。

社宅は大丈夫だったが、下の小学校まで打ち寄せて来たと聞いて、これは大変だ、工場がやられたなと思って、急いで山伝いに海岸にある工場まで歩くことにした。その途中にも津波が押し寄せたり引いたりして、家屋が壊されていく。山に避難した人の中から「あっ、流れちゃう」と悲鳴が上がっていた。私の常識の中ではこういう津波はなかった。海全体がじわっと沈むように引いていき、また海全体がふわっと盛り上がってくる。何というか大きなうねりのような津波だった。

工場に着いてみると、三千トンのセメントタンカー、真洋丸が堤防の上にドンとあぐらをかいて乗っていた。協力会社の作業する場所は全部流されていた。田んぼの中には機帆船がひっくり返っていた。工場は全部冠水、津波の引いたあとは惨たんたる状況だった。盛川の橋は流され、工場から大船渡の街には直接には行けなくなっていた。工場の事務所の二階に上がって潮が寄せたり引いたりしているのを見ていると、河野工場次長が「ああ、これで工事（改良焼成法）がなくなったな」とポツンと言われた。私は、あの人もそんなことを考えていたのか、と改めて見直す思いだった。

チリ津波では大船渡の市民が約六十人亡くなった。早朝のことで寝込みを襲われたためだった。社員には死亡者はいなかったが、家を流された人もいた。私の部下だった沢口喜悦君もそのひとりだった。事務所に入って何とも驚いたのは、机や椅子がひっくり

チリ津波で堤防に乗り上げたタンカー「真洋丸」

返っているのは当然だが、金庫室の鉄扉の中の帳簿の一頁一頁にまで砂やドロが付いていることだった。ちょうど終わったばかりの月次決算の書類が事務所の外に流れ出していた。

大惨事となった。工場設備は海水に浸ったため、特にモーターを始めとする電気機器類はすべて塩出しが必要となり、社内総動員での復旧作業が始まった。復旧作業は二カ月くらいで完了し、運転を再開したが、タンカーはセメントを満載していたため、その引き降ろしにはもっとかかった。

津波の翌日が給料日だった。被災者の方にはお金が必要な人もいるし、銀行もやられているしで、あわてたが、岩手銀行の協力で全部支給してホッとしたのを覚えている。水道が止まってしまったので社宅の人たちは困っていた。私の家も末の娘が生後ふた月目だったので、家内は大変苦労したと思う。子供たちは元気だった。たちまち津波ごっこを始めた。おもちゃを詰めた信玄袋を背中にかついで、津波だと叫びながら野原から山に上る遊びだった。

改良焼成法で問題噴出　復旧工事が終わってホッとする間もなく、改良焼成法への転換工事は予定通り進めるという。工事計画に基づいて採算計算をしてみたが、どうしても採算がとれない。工場長に報告すると、工事計画を本社に説明に行くからついてこいという。上京して経理部長に報告すると、やはり同じような疑問を持っておられた。しかし会議で説明したが、コストを下げるという考えを中心に議論され、そのための工夫をするということで実施が決定された。

改良焼成法の導入については、社内でも疑問をもっている人はかなりいたようだ。しかし結局、セメント需要が伸びている時期だし、今後も伸びるから増設が必要、当面の採算が悪くても後で生きてくると言われると、反論が出来なかった。

工事の資金調達のため日本興業銀行に融資を要請していた。その仙台支店には学生時代の友人、石原秀夫君がおり、彼が審査に来た。彼は「今の考え方は問題ではないか」といったが、私は「それでもやらざるを得ないのだ」と本音で話したのを覚えている。

大船渡工場の改良焼成法への転換工事は昭和三十五年十月に着工、三十六年八月完成した。運転が始まると、次から次へと問題が発生した。石灰石には粘土が付着しており、それを取り除かないと生石灰が焼成できない。当初想定していた以上に粘土分が多く出たため捨て場がない。捨てる粘土は水分でドロドロになっているし、その処理に工場が総動員となった。しかも粘土分が多いということは、それだけムダな輸送を行っていることになり、この面でも初めからコスト計算がくるった。

生石灰を焼成する竪窯にもいろいろ問題があり、歩留りが悪かった。そのためヨコ型のロータリーキルンもつくられた。生石灰焼成用の燃料はコークスだったが、この価格が高騰。一般のクリンカを焼成するキルンは重油になっており、その価格は低下していた。そのため改良焼成法の小野田は他社に比べてコスト的に一層不利になっていった。工場はコスト低減に必死の努力を重ねていた。

しかし、三十八年には大変な事故を起こしてしまう。大船渡の生石灰窯は工場近くの、石灰石採掘を休止している普金鉱山のふもとにあったが、そのうちのロータリーキルン型が不完全燃焼を起こし、煙突から生石灰の粉じんを放出してしまったのである。たまたま天候が悪く、海岸から街の郊外の農村地帯まで雲が垂れ込めていた。そのため粉じんが空に抜けず雲の下をはい、そして農村地帯に降りそそぐこととなってしまったのである。

粉じんが降りそそいだ農村地帯にはトマトやリンゴの畑があり、生石灰だから付着すると表面が焼けてしまう。牧草を食べた牛や羊が下痢を起こす……という事態で、大変な被害を及ぼした。そのころはちょうど、公害問題が社会的に大きく取り上げられ始めた時期だった。当社の事故は一日だけで、あとは問題が起きなかったが、市内から農村まで被害を与えてしまった。

この問題の処理を、当時商務課副課長になっていた私が担当することになった。まず、自治体や農協などに頭を下げて回り、あとは補償をどうするかということになる。補償額はどのくらい必要か、第三者に試算してもらうことにした。岩手大学の農学部に行き現地調査を依頼、そこには徳永さんという助手がいて、私の旧制高校時代の一年先輩だった。彼は『太陽のない街』で有名な徳永直の息子さんだった。
その徳永さんにも手伝ってもらい、園芸関係、家畜関係などそれぞれの専門家五〜六人の先生方に、被害状況などを調査していただいた。調査には私も同行したが、地元の人から「あんたは会社側ではないか」と言われ、先生方の機転で助手にされた。おかげで牛の腸に生まれて初めて腕を入れ、粘膜をとる作業に従事することになった。その調査レポートに基づいて農協、その他各方面へ補償額を提示し交渉に入っていった。その交渉は一年くらいかかってようやくまとまった。

大船渡の七年半　この交渉がほぼまとまった三十九年七月、私は本社への転勤の辞令を受ける。大船渡市の農林課長が、交渉の最終調印まで引き留めようと、転勤の延期を会社に申し入れると言われて困ったこともあった。この交渉で被害地域の隣接地の農家から補償を要求されたり、農協内部の補償金配分でもめごとがあったり、人間の色々な面を見た。大変な苦労であったが、工場と地元の関係についていろいろ勉強させられた。
そのころ会社の状況は眼に見えて悪化していた。本社も大変だったようだが、工場もコスト低減のためあらゆる努力を傾注していた。しかし成果は大きく上がらず、我々は大変心配していた。そんな矢先本社経理部経理課の副課長に転勤することになった。八月の暑い最中のことであった。

話が逸れるが、転勤の一年前、本社に出張した私は永岡経理部長に呼ばれた。「今度三井鉱山がセメント業界に新規参入する。当社も資本参加し生産・営業の支援を行うことになった。ついては、三井側の要請もあって経理課長として出向してくれないか」という話があった。当時セメント業界への新規参入の動きは活発で、既に三菱鉱業（現三菱マテリアル）が参入を果たしていた。三井鉱山も石炭産業の将来を考え、セメント事業への進出を決めたと思われる。

「工場はどこに建設するのか」と質問すると、北九州の田川だと言う。私としては否応もないので「命令があれば参ります」と答えてしまった。「築紫のきわみ、陸の奥」といわれるが、今度は九州に行くのかと思った。二カ月後部長から「君の人事は中止になったよ」と言われた。実は、先方の要請は課長代理だった。安藤さんが「それでは今村は出さない」と言い、変わったとのことだった。私は新しい仕事もいいかなと思っていたが、代わりに石井隆三郎君（芝中学時代の同級生）が行くことになった。

あのとき三井鉱山に行っていればどうなっていたかと思うことがある。人生の分かれ道は私の知らないところで、いつの間にか来て行ってしまうような気がする。サラリーマンとはそういうものだといえばそれまでのことだが、寂しい気がしないでもない。

さて、私の大船渡時代は七年半と長く、会計の仕事の中味も変わってきたし、会社の経営状況も変化、そのうえ天災あり、事故ありと波乱に満ちていた。色々な経験が凝縮した時期でもあた。仕事は一生懸命やったが酒もよく飲んだ。会計係には石田昇君、田森久雄君がいて、みな、なかなかの豪傑だった。労働組合の役員だった佐々木勇さん、佐藤大三郎さんを始め多くの人々と親しんだ。今はただ、懐かしい思い出となってしまった。

色々なことがあったが、こんなこともあった。ある時伝票を見ていると、妙な伝票が出て来た。普段あまり使わない勘定で借方・貸方一円の伝票だった。当時新入社員だった大村正明君（元秩父小野田不動産社長）の発行したものだった。彼を呼んで「これは何だい」と聞くと、もぐもぐと何を言っているのか分からない。すると石田昇君が出て来て、「どう計算しても一円合わないから、合わせるため伝票を切った」と言う。

私はかなり頭に来て文句を二人に言った。すると石田君が「係長、たかが一円くらいのことでそうゴタゴタいうんでない」と福島弁で言う。私は頭に血が昇ってしまって、猛烈我鳴りあげたのを今でも覚えている。そんな人たちが以後私の人生を強く支えてくれたと思うと、私にとって最も大切な出会いの一時期だった気がする。

子供達は三人とも幼稚園に通っていた。「海の星」という教会の附属幼稚園で、アロイシオというスイス人が牧師兼園長であった。イヤだイヤだというのに、幼稚園のPTA会長をさせられた。少々のことは平気の私もこれには本当に参った。特に運動会なんかの挨拶は泣きたいくらいだった。最近大船渡を訪問した折りに幼稚園に立ち寄って先生方と当時の昔話をし、懐かしかった。

五、経理課長時代

赤字決算続く　昭和三十九年（一九六四年）八月、本社の経理部経理課副課長になった。ちょうど東京オリンピックの年だった。東北弁を話す子供達とともに東京・目黒区唐ケ崎の社宅に入った。経理課の勤務は長くはなく、四十年の六月に経理課長となり、四十一年七月までの二年間だった。この間、三十九年九月期、四十年三月期、四十年九月期、四十一年三月期と四回の決算をやったが、黒字決算は最初の三十九年九月期だけで、あとは赤字決算ばかりだった。小野田セメントが赤字決算となったのは、長い歴史のなかでその期間だけであり、まさに最悪のときの経理課長だったわけである。

前にも述べたように、昭和三十年代のセメント業界は新規参入を含めて工場、設備の増設が相次ぎ、過当競争で市況が下がっていた。そのうえ三十八〜四十年に需要の伸びが鈍化したため、各社とも業績が悪化した。なかでも当社は改良焼成法の導入でコストが割高となり、関係会社への投融資が非常に多くてそれらの会社の業績も悪かったため、経営は厳しい局面を迎えていた。四十年五月には日本興業銀行から専務として武田健夫氏（のち副社長）、三井銀行から常務として藤田英雄氏（のち専務）を迎え入れた。こうして銀行の協力が得られて金融面の危機は乗り切ることになるのだが、会社の経営再建が当然、課題となっていた。

私は経理課に着任し経理業務を覚えるとともに、経営再建計画の策定にもかかわることになった。経営企画室と一緒に対策を検討したが、当時の経理課長の高橋賢次郎さん（元アスク監査役）は私に自由にやらせてくれた。副課長になったばかりだったが、再建計画づくりに係わったことで、会社の状況や様々な問題点をつぶさに知ることになった。

経営再建計画は四十年十月にまとまったが、実はその前年の九月に第一次緊急対策が決まり実行に入っていた。ただ、その対策は、経費節減などいろいろ入ってはいたが、抜本的なものではなかった。そのときから私は人員整理は避けられないと思っていたし、そういう意見も言ったが、経営陣は三十九年の段階ではそこまで決断できなかった。今のような〝リストラ時代〟ではないから、それも無理はなかったと思うし、当時の労使関係を考えると最も決断の難しい問題だったと思う。

しかし、四十年三月期決算を前にして状況はどんどん悪化していくし、緊急対策だけでは生ぬるいという空気が社内で広まっていった。そういう議論を経て、そして初の赤字決算に直面して、当時の従業員の二割に当たる千人の希望退職の募集をはじめとする再建計画がまとまったのである。

この計画に基づき、人員削減と併せ、設備投資の抑制、資産の一部売却、関係会社の整理、金利の棚上げなどを実行した。この結果、四十一年三月期には経常損益が黒字化、四十三年三月期には累積欠損も解消するなど、予定より早く再建を成し遂げることになった。その背景には、当時の経営陣、従業員の大変な努力と犠牲があった。同時に、四十一年からの景気回復とともにセメント需要が大幅に伸びるという追い風もあった。

とはいえ、再建計画の策定から実行の道のりはもちろん平坦ではなく、実に色々な出来事があった。

そのひとつは労働組合の問題。昭和三十九年の半ばだったと思うが、津久見工場の組合が分裂した。当時は全社的に全国セメント労働組合連合会加盟の小野田セメント労働組合が組織され、本社や工場ごとに支部となっていた。その津久見支部が分裂して小野田セメント新労働組合が結成された。初めは少数だったが、津久見工場では多数派となっていった。いずれ人員整理が避けられないと見られていた時期でもあり、この分裂は労使関係を緊張させるものとなった。

経営再建　組合の分裂の理由は今でもよく分からないが、津久見支部の執行部は最も左翼的だったから、それに反発し、会社の経営危機のなかで、それまでの労使関係を変えようという組合員が多くなったためだと思われる。経営側が工作して分裂させたわけではない。現に本社には寝耳に水のことで、われわれ管理職の間にも色々な意見があった。ある人は「組合に対して旗幟を鮮明にすべき」と言い、一方で「両方の組合に話し合いをさせて元に戻すべきだ」という意見もあった。また、「組合の分裂は思想がからんだり、固有の問題があるから、経営側が介入すべきでない」という考えも多く、私もそういう意見だった。

こういうなかで、われわれ管理職も組合も、経営再建をめぐって真剣な議論をやった。私は計画をつくる立場だったから、多くの人々の意見を聞き、また、組合への説明も行い、多くの幹部との接触も深まっていった。当時、組合の東京本部では大船渡にいた人たちが主流をなしていたので顔なじみが多く、率直な意見交換ができたことは非常に良かったと思っている。組合の幹部のなかには大卒の優秀な人も多かった。藤村慶樹君(元小野田エー・エル・シー＝現クリオン＝社長)、三浦俊二君(元小野田ケミコ社長)などで、よく議論したのを覚えている。

この再建計画の中で最も重要な点は、改良焼成法からSPキルン、あるいはRSPキルンへの焼成方式の転換であった。設備的には改良焼成法の後遺症もあったが、率直に言って再建後の状況が良かったので、その転換は比較的スムーズに進んだ。これは誠に幸運だったと言える。

経営の再建を進めるためにどうしたらいいのか。当時を振り返ってみると、皆それぞれの立場で真剣になっていたと思う。組合幹部は組合の立場で当然来るものを予測して論議はあるし、管理職をはじめ中堅社員の人々もどんな対策を講じたらいいのか、かなり対立した議論が行われていた。

経営の状況が悪化していくと当然社内にその空気は伝わるし、動揺も起きる。これは避けられない事態だと私も思っている。今にして思うのだが、問題は指揮官のとるべき態度はどんなものだろうかということである。社員はそれをじっと見ている。特にトップだけでなく、幹部の動きをある種の期待をこめて見ている。役員陣のなかでも意見の相違が出て来るし管理職の間にも亀裂が生じる。

その中でともすれば、表面的な取り繕いで対策をすまそうという傾向がどうしても強くなる。ましてや人員整理など思い切った手を打つのは、それまでの経営に対する否定ともいえるから、経営責任を含めて決断は社長の立場では大変難しかったと思う。

当時私も担当業務の性格上、よく呼ばれて説明を求められ、それに対する経理の判断を申し上げるなど、安藤社長にお会いする機会が増えた。私も若かったし、遠慮しないで申し上げては、逆に叱られる方が多かった。我々は表面の取り繕いを止めて、この際思い切った決算を行い、将来のために不良資産を処理すべきだと考えていた。特に関係会社の株式の評価減をめぐっては非常に難しい問題にぶつかった。

当時の熊田公認会計士（大矢会計士の義父、故人）との間でも、屋久島電工、小野田化学工業については色々と議論になった。この点については担当常務も経理部長も「君、安藤さんのところに行って説明して来い」と言われるので、私は社長に会って状況を報告した。安藤社長は難しい顔をして、「君は見たことあるのかね、屋久島を」と言われる。「ありません」と申し上げると「見てきたまえ」と言われた。

関係会社株式の評価減　私は初めて屋久島を見に行くこととなった。今でこそ屋久島は世界遺産の一つとなり、まさに脚光を浴びているが、当時は必ずしもそうではなかった。むしろ私なんかにとっては、何で屋久島なのか、という思いが強かった。鹿児島から二十人乗りの飛行機で緑の島に降りた。工場からダムへと初めての見学であったが、安藤社長が屋久島にかけた思いとはどんなものだったのだろうか。深いみどりの木々の色を水面に移したダムサイトに立って、私は茫然とした思いにとらわれた。私はその時、社長の夢というか理想というか、日本の国土建設にかける強い思いというか、それは私の想像を越える大きなものではないかと思った。

後年の話になるが、安藤さんは相談役になられた後、屋久島―鹿児島間のジェットホイルの就航に向けて執念を燃やされた。その熱心さ、特に新潟での調査の仕方は我々にとっても大変な教訓となった。それが就航となり目的を達成された。相談役の人生の最後の仕事となったことを思うと、改めて私は安藤社長に敬愛の念を深くするものである。

私は屋久島から帰り、株式の評価減について改めて決裁をお願いした。社長は「君はもっと経営の事を学べ」と言われたが、了承を頂いた。これは私が社長になってからのことだが、ある時、私の家に来られた安藤さん（当時相談役）は過去を振り返って、「私はセメントのことはもちろん、色々な仕事を手がけてきたが、ほとんど成功した。ただ、一つだけ失敗したのは造船（日本海重工）に進出したことだ」と言われたことがある。そのとき私は「ほとんど成功したというのには異論があります。時間をかけて成功させたところもあるが、潰した会社や売却した会社もあるではないですか」と反論した。安藤さんは「そうかなあ」と一言いわれた。

ただ、たしかに小野田化学工業も屋久島電工も今は良くなっている。昭和四十年当時の安藤さんにしてみれば、現在経営が悪化していても将来は必ず伸びるという確信があった。そのことと経理上の対応とは次元が異なることなのだが、安藤さんの考えは経営者として一貫性をもっていたともいえる。その意味で、株式の評価減をやったり、関係会社を閉鎖せざるをえなかったのは苦渋の決断だったろうし、納得出来なかったのだろうと思う。

私も社長になって同じような体験をする。米国への投資を決断し、セメント三工場、生コン、骨材などの経営を始めたが（平成二年＝一九九〇年完全買収）、初めの三年くらいは大変だった。当時専務だった日下部清さんをはじめ、多くの人に大変なご苦労をかけてしまった。当時は社内でもお荷物という人もおり、経理部の意見もあって、株式の評価減を計上することとなった。理屈では納得しても体も心も納得はしなかった。しかし、私も経理出身だし、了承することにした。それは私にとって判然と経営責任を問うものでもあった。

幸いにして、周知のように今は大きな利益を上げている。社長としては、間もなく良くなるから評価減は待て、という判断もあったと思う。その点、経理マンは硬直的だから、どうしても経営者と考え方が違ってくる。しかも、安藤さんのときは経済もセメントも成長期だったから将来に確信をもっており、一介の経理課長とは考えることが違うのは当然だった。

安藤社長の退任　昭和四十年当時、私だけでなく、このままではいけない、何とか安藤社長に明確な態度を示していただきたいという考えをもつ人が多くなっていた。一方で安藤さんを支持する人もおり、中間の人もいて様々だったが、共通していえるのはすべて社長の判断にかかるということだった。そういう状況の中で経営再建計画を発表する直前の十月、各部の部課長二十数人が集まり議論の末、再建計画を確実に実行するためには社長が強力な指導力を発揮されるようお願いする必要があるということになった。それは言い換えれば社長の責任という問題を含むこととなる。

代表何人かでお伺いしようということになった。さすがに俺が行くという者は一人もいない。議論のまとめ役だった藤巻茂さん（当時経営企画室長、故人）が中心となって人選した。私も当たってしまった。すべてのメンバーまで覚えてはいないが、米川滉君も一緒だった。

当時安藤さんはまさに小野田社員の敬意を集めておられたし、私だってそう思っていたから、それに楯突くのは相当の勇気が必要だったし、またその結果について不安でもあった。安藤さんのところへ行く前に経理部の人に話をした。私も不安だし、皆さんの反応を確かめてみたかった。嶋内増郎君（元監査役、故人）たちに話をすると「何があってもついて行く」と言ってくれて多少元気が出た。

社長は「話を聞こう」と言われたので、日時は覚えていないが、ある休日、目黒区碑文谷の社長宅へ七名くらいでお伺いした。安藤さんはひとりで応対された。まことに堂々としておられた。藤巻さんが代表して「再建計画推進のためリーダーシップをとっていただきたい。社長として善処をお願いしたい」という趣旨のことを申し上げた。

安藤さんは最後まで黙って聞いておられた。そして「話はよく分かった、あとは私に任せたまえ」と一言いわれただけだった。誠に平静で、あとは仕事についての雑談になった。

雑談の中で、奥さんがコーヒーを出して下さった。奥さんは私の顔を見て「あの時はかわいい坊やだったけど、ずい分大人になったわね」と言われた。皆さんニヤニヤしていたけれど奥さんの記憶力の確かさに閉口した。安藤さんは度胸のすわった人だったが、奥さんもしっかりとした立派な方だった。奥さんはつるというお名前であったと思うが、出入りの植木屋さんなどは「つるの一声」には社長も手も足も出ませんや、と笑って私に話をしてくれたことがある。

さて、こんな事態を引き起こしておいてそのまま無事に済むかなと心配だったが、この問題について、報復めいた人事と思われるものは全くなかった。有難かったし、ほっとした。会社の気風の大きさを改めて考えてみることとなった。安藤社長は我々が要請にいった時、腹は決まっていたと思う。「君達に言われなくとも、出処進退は決めているよ」と言われたかったにちがいない。

しかし、若い我々にはそれが分からずあのような行動を起こしてしまった。若気の過ちといえばそれまでだが、今考えてみると誠に申し訳ない気持ちが強い。安藤社長はお元気だったし、恐らくもっとやりたいことが沢山あったと思うと、本当に切ない思いがする。

安藤さんは翌年の昭和四十一年六月の総会で社長を退任され、取締役相談役になられた。戦後の生産能力十六万トン、生産実績十二万トン（昭和二十四年）という状態から、小野田セメントの業容を二十三年六月社長就任以来十八年をかけて大きく作り変えてこられた。その人生はまさに、小野田セメントを再興、というよりは創造していくことに全情熱を捧げられた人生と言っていいと思う。

今日、明治生まれの企業経営者の気概というか、ロマンについて語られることが多いが、私は自分自身がその地位に立って、改めて安藤さんの大きさを実感した。今でも、会うことが出来たらあれもこれも安藤さんにぶつけてみたいという思いがする。

私が東京支店長のとき、鉄鋼ビルに東京支店があり、その中に安藤相談役の専用部屋があった。そのため、相談役と色々とお話をする機会が増えた。ある時相談役はしみじみと「あのころの君達のように、食いついて来る人間がいなくなったな。淋しいことだな」と言われた。

確かに時代が変わって企業自体も組織が大きくなり、経営管理の思想やあり方も変わったし、反骨精神というか何というか、骨のある人が少なくなったことは事実だ。だが一方で、安藤さんがそういう眼、考え方で私達を見ておられたのかと思うと、目からうろこが落ちる思いだった。

六、人事課長時代

水平異動　さて話は前後するが、昭和四十年（一九六五年）十月経営再建計画がまとまった。計画は希望退職をはじめ八項目を骨子としたものだった。直ちに組合に提案された。組合は激しい反対闘争を行い、労使関係は緊張する局面へと向かった。同時に希望退職の募集が始まったが、その結果は予定の人員に達しなかった。それだけでなく、津久見では退職希望者の多くが新労働組合の人で、全国セメント労働組合連合会（全セ）の組合員が少ないということが問題になった。それで四十一年春、バランスを取るためと思われるが、全セの組合員を対象に指名解雇を通告することになった。ここで労使関係は一層緊張することになる。

全セの組合はストライキを実施して指名解雇の撤回を要求。結局、中央労働委員会の斡旋を経て、四十一年七月に指名解雇を撤回することになった。会社としては、再建の方向が定まりメドが立ってきたし、いつまでも労使関係が混乱しているのは良くないと

人事課長時代
塚本専務（左から3人目）、浜元さん（同4人目）と

いう判断があった。こういう混乱がありながらも、人員は千人近く減り、四十年三月の五千百四十二人が四十一年九月には四千百八十七人になった。

こうして再建計画の実行によって経営再建のメドが立つなかで、今後の人事のあり方を見直そうという動きが出てきた。当時の小野田セメントは（日本セメントも同じだったようだが）、人事がタテ割りで、例えば大学を出て経理に配属されるとずっと経理畑、営業部に入ると支店を回ったり本社に戻ったりはするが営業ばかりだった。その結果当時、営業モンロー主義という言葉もあった。人事畑、鉱業畑、機械畑……

とみなタテ割りで、例えば経理をやった人間が営業に移ることなど考えられなかった。人事権もタテ割りで掌握されているし、会社の方向について論議しても、経理部の主張、営業部の主張……となってしまう。他の部のことは知らないから、全体の観点に立った論議ができない。これではいけないという空気が出てきて、社員教育でも専門バカばかりつくっても仕様がない、全体の次元から考える訓練が必要だという考えが広まってきた。

そういう議論は若手のなかにもあったし、役員クラスにもあった。また、労使関係を安定させ組合との協力関係を確立する必要があるという論議も強くなっていた。その考え方を安藤さんが取り上げ、水平異動が行われることになった。

その異動は四十一年七月に発令され、私は経理課長から人事課長に移ることになった。水平異動の第一号というわけだが、そういう異動は三十人ぐらいに及んだ。ある日、有田穣経理部長（のち専務、故人）に呼ばれて「人事課に行け」と言われ、「冗談でしょ。人事のことなど何も知らないし」と反論したのだが、有田さんは「オレも異動するんだ」。「どこへですか」と言うと「津久見工場長になる」と言われ、またびっくり。それで水平異動を実感したわけだが、「私は営業の方がいいのですが」と言うと、「お前なんか、営業から声がかかるもんか」と言われてしまった。

人事課長としての最初の仕事は、指名解雇の撤回とその後始末だった。新労組は指名解雇撤回に反対していたから、単純に撤回するのでは納得しない。そこで解雇の対象になっていた人を津久見から他へ異動させることになった。津久見に乗り込み四十人ぐらいの人について、組合とも交渉して全員の配転を決めた。これにはふた月ぐらいかかった。

当時、労務部は労務課、人事課、安全衛生課、勤労課の四課があったが、配転などの問題は労務課長と人事課長が中心になって組合と交渉することになっていた。私は人事関係の仕事は初めてだったし、まして労使交渉はまったく未経験だった。しかも、組合は分裂しているし、新労組を立てれば全セ系労組が納得しない、全セ系の要求をのめば新労組が納得しないという状況で、骨が折れる交渉だった。全セ系は現職復帰を要求していたが、激しい交渉を経て他の工場へ転出させることで合意してもらったのである。

当時の会社の空気は、人員整理などもやったからとげとげしいものがあり、組合が分裂していたから賃金交渉や労働条件の交渉でも、どうしてもどちらかに不満が残る。ただ、会社の経営再建は急速に進み、業績も良くなっていった。そういう状況を背景に労使関係の安定など将来に向けた対策を進めることが会社の課題になってきた。その接点を担うのが労務部だった。

労務管理の基本方針策定　人員整理の問題が解決し、業績改善に伴って賃金カットも廃止されて会社全体の空気は良くなっていった。そのなかで、他業種との格差を是正し労働条件を改善していくことによって、従業員の会社への協力度を高めていくという考え方が強くなってくる。そこで我々は労務課と協力し、新しい労務管理のあり方について検討し基本的な方針を策定することが必要ではないかということになった。

当時の経営陣は、昭和四十一年六月安藤豊禄社長が取締役相談役になられ、森清治専務（故人）が社長に就任、その下に塚本清専務（故人）、松本幸市常務（のち社長、故人）などであった。労務部長は小川泰宏さん（のち専務）、労務課長は市村堯さん（元オリエンタル建設専務）で、この体制で人事諸制度の改革を進めることになった。

こうして、「労務管理の基本方針」の策定作業に入り、四十二年秋ごろにまとまった。

この基本的な考え方はのちの会社の労務管理・人事諸制度の根幹をなしていくことになる。当時、そんなものは必要ないという意見もあったが、会社の大勢は、そういったものが必要な時代になってきたのではないかという認識だった。

市村労務課長を中心として、我々は若いしかなり革新的な意見に踏み込んで起案が始められた。この方針を貫くことができたのは当時の小川部長の指導力によるものであったと思っている。我々が検討し策定したのは、要員計画、間接部門の組織体制、賃金諸制度のあり方などで、それとの関連で資格制度、自己申告制度、社員教育制度も定めた。これに基づいて四十二年から徐々に具体的に成案し実施に入っていった。私が人事課長の間（四十五年十月まで）に、当社として初めての資格制度、自己申告制度を導入し、新しい教育制度も実施した。

新しい制度をつくるのも大変だが、それよりも実行に移すのに苦労した。一つひとつ、組合の了解を取らねばならず、新労組は賛成するが全セ系の小野田労組は反対する、あるいはその逆もあるということが、しょっちゅう起きた。そういう苦労もあったが、人事課長としての四年間は、自分でも随分夢中になって取り組んだのかな、と今も思っている。

資格制度ひとつ取っても今では当然のことだが、その導入に至るには色々な背景があった。社員が増えていく一方で、部課長職など職制は合理化で簡素化が進みポストが減っていく。年功序列制のもとで平等に昇進していくことが難しくなってきた。例えば支店の誰かを営業課長にすると、同期の人は他に転勤させなければならない。

私自身もそういう矛盾を体験したことがある。大船渡工場の時代、私が係長のとき、門司支店から同期入社の人が転勤してきた。彼は門司支店長から「大船渡で副課長になるといわれた」という。そうなると私は転勤だと思って課長に聞いてみたら、「そんな予定はない」。私ももう大船渡では古顔だし同期が上に来るのは面白くない。結局、この人も係長に収まったが、彼にしてみれば支店長の話と違うから面白くない。どうも、門司支店では同期の人が副課長になったので、転勤の内示の時に、彼に動機づけとしてそれに近いことを言ったような感じだった。

こういうことが起きると、上下関係がぎくしゃくし、仕事に対する意欲にも影響する。特に、支店のように職制が少ないところでは、同期が二人以上いると面倒なことになる。

それが部長クラスになると、人間関係が一層深刻になる。そういう問題の改善策として資格制度を考えたわけである。なかには、年功序列制度の補完として考える人も多かった。

しかし、資格制度の本来の目的はポストの問題というより、有能な人に職制に関係なく責任ある仕事をしてもらう必要があるという考えであった。そのため資格を与えて給与も保証し動機づけをする制度が必要だった。当時すでに、年数が経てば誰でも昇進する年功序列制の問題点が出てきており、新しい教育を受けた有能な人を登用した方が良いという空気も背景にあった。

もうひとつ、昭和四十年代は生コン事業が拡大した時期であり、直系生コンへの出向者が増えていった。工場の人も含めて出向、転勤が増えるなかで、全員流動化という方針を打ち出した。これに伴って身分差別をなくすために資格制度が必要という要素もあった。

労使関係の再構築　資格制度の導入の一方で、生コン会社の人事制度の見直しも行った。当時、小野田レミコンは全国組織の大会社で、採用も独自でやっていた。それを地域ごとの会社に分割することになったが、それと同時に、レミコンの営業部員を全員小野田セメントの社員として採用し各支店に配属することになった。各支店にレミコン課を置き吸収したわけだが、そのとき、全員の面接を人事課が担当した。その中の多くの人がのちに生コン協組の共販事業構築の中心となった。

例えば、友近久一さん（元晴海小野田レミコン社長）、勝原健介君（元常務）、南博俊君（元取締役、元秩父商工＝現ティーシートレーディング＝社長）らがいた。その面接のため名古屋支店にも行った。そのときの支店長が大島健司さんだった。それが大島さんとの最初の出会いだった。

人と人との出会いとは不思議なものだとつくづく思う。私は入社以来、工場から本社と歩いてきて、大島さんの存在はまったく知らなかった。その時、どんな印象を私が大島さんに対して持ったか、はっきりした記憶はない。ただ、面接が一段落した翌日、ゴルフに誘われお供した。大島さんのゴルフは私より多少まともだった。その時、何でも言える人だなという感じがしたことは、はっきりと覚えている。大島さんは支店長として、その後も人事課によく来られるようになった。そして色々と話をしていかれた。私も遠慮なく意見が言えるようになった。

資格制度を導入し、工場の人を含めて全員を転勤の対象とする流動制を取ったが、実際の運用では配慮が必要だった。工場や支店に現地から入った人は入社の時の状況、家庭の事情で転勤は難しい。そこで、制度の運用や仕事に対する希望を出せる機会を与えようというのが自己申告制度である。この制度の導入にあたっても組合の反対があり難航したが、実施に移した。

同時に、社員教育の制度もつくり実施した。技能教育、社員としての基本的な心構え、これからの社会に対する考え方など細分化した教育制度をつくり上げ、実行した。

そういう人事諸制度をつくり上げるとともに、昭和四十二年からの四年間は、組合との摩擦を起こしながらも近代的な労使関係を確立する時期でもあった。新労組は初めは津久見工場だけの組織だったが、大卒の管理部門の人も入っていた。人事課の立場からすると、どちらの組合員であろうが、転勤は当然実行する必要がある。ところが全セ系の小野田労組は、新労組の組合員が本社や他に転勤すると、そこに組織ができるから反対、と言う。逆に新労組は、本社などから津久見に転勤した人は新労組に入れろと言い、小野田労組はダメと言う。

そういう具合で人事異動がやり難く、停滞的になっていた。当時から津久見は中心工場で最も人が多く、かつ有能な人材が集中しており、交流が必要だったのに、それができないのは問題だった。そこで、小川部長と相談し思い切って新労組の組合員を本社と支店に異動させることにした。その第一号になったのは亀井忠晴君（現常務）、小池浩之君（元テストエイジェント社長）で、それぞれ人事課と広島支店に配属した。亀井君は新労組の分裂当時の役員で、ましてや人事課への異動だったから、さんざんもめたがなんとか実施に移した。

それを契機に津久見と本社などとの人事交流も徐々にできていった。ただ、本社などには新労組の組織はできなかった。そのうちに、みんな仲良くなってきて、余り問題が起きなくなっていった。一方で、小野田労組のなかで執行部のやり方に疑問を持つ人が増えていった。その背景として、社員教育で会社のあり方や社員の心構えについて議論を盛んにやったことも影響したと思う。

特に、管理職の研修会では会社のあり方について徹底的に議論させたから、経営に対する批判が出るし、そのなかで労使関係のあり方や労組のやり方についても批判が出てきた。当時、日本の産業界では米国流の新しい教育システムを導入し、経営や労使関係を変えていくことが、ひとつの流れになっており、当社も生産性本部や産業能率大学から講師を呼んで、生産性向上などの教育を行っていた。

そういうなかで昭和四十五年二月、小野田労組の執行部が交代し、全セ労連を脱退した。一方、全セに残るべきだと主張した人たちが津久見を中心に全セ小野田労組を設立した。全セを脱退した小野田労組はのちに新労組と合同することになるが、それまでは組合が三つあって、ややこしい状況になっていた。とはいえ、組合の再編は新たな労使関係を確立する契機になったことは事実である。

社員教育のやり過ぎで異動　組合も再編される動きの中で人事諸制度の整備はこうして進められていった。これと併行して昭和四十四年には要員計画が完成。組合に提案し実施に入ろうとしていた。そのポイントのひとつに、「外延発展」と生コン化の推進のための有能な人材の投入があった。

当時生コンは急速に伸びており、直系工場も増えていた。専業生コンの進出も盛んになっていたので、結果として工場長、品質管理技術者を中心に人材が不足し、それに対する応援を緊急に必要とする状況であった。さらに、生コン以外の二次製品などの事業拡大も進みはじめており、そちらにも人材の投入が必要となっていた。そこで、その人材を確保し活用するために間接部門の業務の効率化を進める一方で、生産部門の要員の多能化や省力化の対策をとり、その結果生み出される要員を生コンで活用する。

また一方では、「外延発展」と我々は言っていたが、セメントの外側の分野というか、そういった事業に進出することにより、業容の拡大を進める中で有能な人材を活用するという考え方が出てきた。具体的には小野田エー・エル・シー（建材事業）の設立であり、ケミコライム事業（地盤改良事業、のちに小野田ケミコとして分社化）の開始であった。仲の良かった米川さん、藤村さん、現在のクリオン社長の古矢さん達が徐々に出向していった。

今振り返ってみると、私は人事に全く経験のないずぶの素人だった。それでも随分一生懸命仕事をした気もする。それは勿論、私ひとりの力で出来るものではなかったし、むしろ、当時の小川部長をはじめ多くの人々の、特に労務・人事の人々や組合幹部の理解と協力があって初めて出来たものだと今でも思っている。

忘れ得ぬ人々も多いが、その中に杉山晋さんがいた。彼は人事課の中で特に社員教育を中心に担当し、組合対策でも活躍したが、直情径行の情熱的な青年だった。彼は日本画家杉山寧氏の次男で、作家の三島由紀夫氏の義弟でもあった。四十五年のある日、彼と二人でタクシーに乗って本社に向かっている時、ラジオのニュースで、三島由紀夫氏が市ヶ谷の防衛庁に突入し、バルコニーに立って自衛官を前に演説した後、割腹自殺したと伝える。私もビックリしたが、彼はもっと驚いたと思う。しかし、落ち着いていて、きちんとあいさつし、帰っていったのを覚えている。

当時の人事課には、矢野暁君（元日本石膏ボード社長、故人）、渡辺良雄君（現専務）、亀井忠晴君などがいた。皆個性が強く私はなかなかまとめるのに苦労したが、彼らはそうは思っていないかもしれない。

人事課長は四年四カ月務め、四十五年十月営業部輸送課長に異動することとなった。私の異動が発表される前に課長代理の矢野さんが異動した。彼は社員教育の中心だったし、そのときから私も異動するのではないかと覚悟はしていた。その原因は私自身のいたらなさにあったと思っているし、その結果多くの人々に迷惑をかけた。特に矢野課長代理は私のやり方の犠牲になったのだと思うと誠に心の痛む思いがする。

具体的には、社員教育の進め方にあった。新たな労務政策を実施するのに伴って必ずぶつかると言ってよい問題だと思うが、制度の改革を進めていくと、現在の制度をよしとする人と、それではだめだという人が必ず出てくる。当時の労務部はそういう意味では、小野田セメントの仕事の進め方、あり方を時代の変化に対応したものにしようという空気が強かった。従ってその根底にある社員教育の思想は、会社の革新を基本に据えた考え方の上に立って教育方針を具体的に進めるということであった。

教育手法も日本生産性本部の教育に対する考え方、手法を全面的に導入する一方で、自己革新の手法として心理的な教育訓練の手法も導入していった。そのひとつがセンシティビティ・トレーニングである。それは米国で行われていた心理教育を導入したものだったが、自分を徹底的に見つめ、その中から虚飾を抜いた本来の自分のあり方を考えさせる心理教育であった。

この教育の仕方、実施過程で色々な不満、苦情が生じてきた。この教育は精神的な重圧感が強く、ストレスが逆に生じるのではないかという問題指摘であった。同時に教育の進展は、現在の経営に対する批判を必然的に発生させる結果となり、それが経営陣にとって不安を伴うものとなったと思う。このため、教育の方向を修正し、より企業の方針に密着したやり方を考えるべきだという意見が強くなったと思う。今村のやり方はやり過ぎだ、上司のやり方を批判するとは何事か、ということになり、教育担当者と私は逐次異動させられることとなったのである。

十月になって私はセメント営業部輸送課長への異動の内示を受けた。私もある程度覚悟はしていたので不満はなかった。ただ、残った人事課の人々に対する申し訳ない思いが強く残った。

七、輸送課長から東海運出向

輸送課長は九カ月　昭和四十五年（一九七〇年）十月セメント営業部輸送課長になったが、その当時は高度経済成長期でセメント需要も急激に伸びていた。国内需要は四十一年には三千五百九十万トンに過ぎなかったが、四十五年には五千四百八十万トンになり、その後も急増し四十八年には七千六百六十万トンになっている。当然、当社の販売量も増えて四十一年の六百七十万トンから四十六年には千万トンに達するという状況だった。

それ故、物流網の増強が要請され、輸送課の仕事はもっぱら、サービス・ステーション（SS）の増設とセメントタンカーの増強を進めることだった。北海道の網走、紋別から金沢、伊勢、さらには九州各地、種子島と全国各地を回ってSSをつくるための調査を行い、用地の手当て、建設の準備を行い、また、開設のセレモニーを開くといった毎日だった。タンカーの建造も相次いで進め、初めて一万トン級のタンカーを発注したのも、私が輸送課長のときだった。

そういう仕事に忙殺されていたのだが、一方では当時、子会社の東海運の経営が急速に悪化していった。同社は四十数隻あったセメントタンカーのほとんどを運航していて、輸送課の管轄下にあったのだが、港湾荷役業、倉庫業、運送業もやっており、これらの事業の業況が悪化していた。当時、輸送形態が急速に変化しており、コンテナ化などで従来の港湾荷役の仕事が減っていたのだが、その対応に遅れをとったことが、経営悪化の主な原因だった。

輸送課長として東海運の立て直しが必要と判断した私は、営業担当だった大島健司常務とも相談して再建策を提案した。その提案の中には、当社から何人か人を出して協力する必要があるという内容も含まれていた。東海運の塚本清社長もその方向に賛成だった。この提案が受け入れられて、まず日下部清さん（元専務）が経営企画部長として派遣された。これは大変適切な人事だったと今でも思っているが、日下部さんは再建策の策定を進め、その実施について検討を始めていた。

ある日、松本幸市副社長から呼ばれて、「東海運に行ってくれ」と言われた。当時の東海運の社長は私の人事課長時代に労務担当専務だった塚本清さんで、「塚本社長からも君に来て欲しいと要請があった」と言う。人の派遣を提案した自分が派遣されるとは、ミイラ取りがミイラになったようなものだった。だが、それは当然のことと納得した。

こうして輸送課長になってからわずか九カ月後の四十六年七月、東海運に出向し取締役海運部長になった。その当時の小野田セメントでは、子会社に出たら戻れないというのが一般的な傾向だった。後には勉強のために子会社に出して、また戻すということを含めて、かなり行ったり来たりが一般的になったが、当時はまだそうではなかったから、私もこれで小野田セメントとしては終わりかなと思った。ある役員には「君は昔、（安藤社長に対して）ああいう問題を起こしたから出されたのだ」と言われるし、いよいよ小野田の社員としての生活はおしまいと思わざるをえなかった。

東海運時代、シンガポールで妻と

そこで、気持ちを切り替えて東海運の再建に力を入れることにしたのだが、実際に会社を移ってまず感じたのは、親会社というのは冷たいものだということだった。自分が勝手にみじめに思ったのかもしれないが、親会社の連中は何と威張っていることか。親会社は荷主だから、後輩の課長にも頭を下げなければならない。食事をするときも以前は上座だったが下座に座る。課長を接待するときなど、みじめな気持ちになったこともあった。

子会社に出向した人はみな、同じような経験をしていると思うが、自分の気持ちを整理し徐々に慣らしていかざるをえない。サラリーマンの中には、そういう気持ちの切り替えがうまくできる人と、できない人がいる。ただ、どちらの人も酒の量が増えるのは間違いない。私も初めのうちは、相当酒量が増えた。

そういう複雑な気持ちの時期もあったが、セメント会社から輸送会社という初めての異業種の経験であり、しかも厳しい経営再建のときで、また、次から次へと事件が起きたから、まもなく海運部長の仕事に没頭することになった。それから五年間、海運を中心に港湾荷役や陸運の仕事も担当し、実に様々な経験をしていろいろ勉強することになる。

東海運の五年間は小野田セメントとは全く違う体験をすることとなった。この五年間の経験は、私にとって大変貴重だったと今は考えているが、余りにも色々なことがあったので、時系列的ではなくテーマ別に取り上げてみたいと思う。

経営再建策の策定と進行　先にも述べた通り、東海運の経営悪化の要因は当時進行していた荷役の近代化および合理化に立ち遅れたことが大きかった。そのため経営再建に向けた合理化案の重点は、その近代化の立ち遅れの是正に置かれることとなった。

四十六年十一月職員など約百名の希望退職の募集、港湾荷役部門の整理、はしけや引き船の整理といった、広範な合理化案が策定され労働組合に提案された。当時出向していた日下部清さんが中心になって策定されたものだが、その作業は大変な苦労をともなったことと思う。

その合理化案を当時の塚本清社長が労働組合に発表したときの経営協議会に私も出席した。そのときの情景は今でも忘れられない。塚本社長は温厚誠実な人で、私が尊敬する先輩であるが、小野田セメントの専務時代には昭和四十一年の人員整理を担当する責任を負われた。塚本社長は労働組合に対するあいさつの中で、「自分はこうした希望退職を提案するのは二回目だ。私の人生でこれほど辛く恥ずかしい思いを二回もするとは」と言われ、絶句し涙を流された。同時に鼻血を流された。

私はそれを見て思わず目頭がジンとし、胸を突かれる思いだった。行くも地獄、帰るも地獄という言葉があるが、人員整理を受ける社員の人々も辛いが、それを実行せざるを得ない経営者もまた、悲しく心が痛むものだとつくづく思った。同時に、経営者の責任は経営に対して誠実になろうとすればするほど、肩に重くのしかかるものなのかと強く感じた。

合理化案が出され希望退職者が九十人出るなど、管理部門のスリム化は進んだ。しかし現業部門の従業員は、海運は全日本海員組合（全日海）、港湾荷役は全港湾、はしけはしけ労組、陸運は運輸一般や同盟系労組と、組合がそれぞれ違う産別組織の支部に属していた。また企業内組合もあり、労使交渉の相手は支店別も含めて数が非常に多かったから、交渉は大変だった。

当時の港湾荷役の近代化というのは、例えば新日鉄の場合、沖取りしてはしけを回漕し需要家岸壁へという方法から、直接接岸荷役に変わることとなった。これはまさに革命的な荷役の変化といえる。当時の輸送革新の波は陸上、海上を問わず大変激しく、かつ急ピッチに進展した。その結果当然、はしけをはじめそれに関連する諸作業は不要になる。東海運では横浜支店だけでも、はしけ六十六隻のうち三十四隻を削減するという大整理となった。この合理化策は大きな犠牲を払いながら労使交渉も進展し、その結果急速に東海運の業績を回復させていった。

海運部門の問題　私が担当した海運部は全く別の問題を抱えていた。小野田セメントの輸送課長としてそれなりに船の勉強をし、ある程度の知識は持っていたが、海運部に入ると私の持っている程度の知識では全くどうにもならない。荷主と海運業とそれぞれの立場の違いというか、その奥の深さを改めて認識することとなった。

東海運と小野田セメントの出会いは昭和二十五年、東海運の増資の時に小野田セメントが引き受けたことに始まる。当時朝鮮戦争による特需ブームの時代であったが、その中で両社の関係ができ上がった。その後、小野田セメントの東京進出に当たっては、東海運の協力、特に当時専務だった雲野午三さん（のち東海運社長、故人）の努力によって東京ＳＳ（晴海）の建設が進められた。以来、セメントタンカー部門を中心に、両社は極めて緊密な関係にあった。中でもセメントタンカーを担当する海運部は小野田セメントと最も密接な関係にあった。

海運業界は当時、経済成長に伴う船員費の高騰が急速に進んでいた。このため船会社は乗組定員削減などの努力を重ねていた。また、タンカーの大型化によるコストの低減を進めてきたが、残念ながらスケールメリットを享受することも困難になってきた。その結果は当然セメント運賃に影響を与えることとなった。

特に東海運の海員組合は船会社の間でも有名な強力な組合組織であった。日本郵船等の争議を応援したりして、私が船主団体の会議に出ると随分と嫌味を言われたこともある。当然、他の船会社に比べ賃金レベルや労働条件が良く、その結果他社との競争面で、東海運の運賃は高いということが定評となっていた。このことが、海運部の存廃をかける問題へと発展しようとしていた。

この問題は日本の海運業界全体にとっても深刻な問題であった。特に外航部門では国際競争力の低下をまねくということで、のちの九十日間大ストライキを惹起する要因ともなった。東海運は内航専門であったが、その中でも高い運賃となり、他社、例えば宝洋海運や太平洋汽船に比べてかなり高かった。このままでは、セメントタンカーの新造船受注（小野田セメントからいえば発注すること）も困難ではないかという状況にあった。

私は四十六年七月、そんな状況の中で取締役海運部長に着任した。

真洋丸の衝突、沈没　海運部長着任早々、私はまず、事故の洗礼を受けることとなった。たしか、最初は昭和四十六年十月の昭洋丸の関門海峡における座礁だったと思う。この原因は航路ブイの位置の誤認にあった。幸い、人身被害はなく大きな事故にならずに済んだ。しかし事故というものは不思議なもので、起こり出すと立て続けに起きる傾向がある。昭洋丸の座礁事故に続き小さな事故が頻発した。はっきりした記憶はないが、その後四〜五件の事故があった。その都度、荷主の小野田セメント輸送課に説明に行かなければならない。東海運の立場としては、運航効率に影響するので、荷主からどうしてそう事故が多いのかと問われれば大変辛いし、新造船の船主決定にも影響するので、なんとかしなければという焦りのようなものもあった。

そんな最中の四十六年十一月、秋も深くなっていた頃だった。久しぶりにみんなでマージャンをしている時、妻から電話があった。「よく分からないけど、ロッカンとかいうところから電話がありました。すぐ電話して下さい」。ロッカンとは第六管区海上保安本部だと思って電話をすると、真洋丸が衝突、沈没したと言う。私達は家にも帰らずすぐ本社に戻って、経理部に頼んで現金を用意させるとともに、船員課長の平田さん、組合役員の松尾さんを連れて翌朝一番の飛行機で松山に飛んだ。

事故は十一月十九日二十時四十四分、真洋丸が来島海峡西水道を通過中、福神汽船の日福神丸が前方から来て衝突、真洋丸の右舷ブリッジから船員室を圧し潰したものである。その結果破孔から浸水し沈没の止むなきにいたった。簡単に言えば、一方通行の道路（水路）に反対側から一台の車が全速力で入ってきたので、慌ててみんながよけたけれど、最後によけきれずにぶつけられたということである。その貧乏くじを引いたのが柴田船長の真洋丸だった。その結果、甲板手一名重傷、一名軽傷という事故となった。

今治の海上保安部に着いた時、乗組員は取り調べのため留置場に入れられていた。身一つで脱出したため取り調べが終わった人から順に着衣等を買い求めさせて帰郷させた。乗組員の一人から、真洋丸が沈没する時「セメントの粉が破孔から一斉に吹き上げ、救助船の照明に照らされて花火のようでした」という話を聞いたのを覚えている。海難審判の結果は当然、東海運に有利な判決となった。

私の在任中には、後に関係会社豊前開発の豊前丸の死亡事故が起きるまで、タンカーの事故は起きなかったが、四十六年の相次ぐ事故には本当に驚き、参ってしまった。私のようなものが海運部長になったので海の神様が怒ったのではないかと真剣に思ったものだ。私は慌てて金毘羅様にお参りに行ったことを、今は懐かしく思い出している。

九十日の全日海のストライキ　前に述べたように船員費の高騰の影響もあって、四十七年四月から続いていた労働協約の改訂交渉が決裂しストに突入した。海運業界の労使交渉の状況は分かりにくいが、まず業種ごとの団体交渉が行われる。経営側は、外航関係は外労協、中小外労協の二団体、内航関係は火曜会、ほか三団体であった。東海運は内航大手だったので、火曜会に入っていた。これら経営側と全日海の業種別部会が団体交渉を行って、賃上げを含む協約改訂の基準を定め、それに基づいて企業別の労使交渉を行う。

正直言って初めは、火曜会のことも労働協約の内容もよく分からなかったが、分かるにつれて容易には解決しないなという危機感が強くなっていった。交渉は難航し四月十四日に外航、十五日に内航が、ストに突入した。小型船の全内航はストに入らなかった。これが九十日ストの始まりだった。この間、外航、内航とも大型船はピタッと止まってしまった。もちろん東海運だけでなく、太平洋汽船、宝洋海運も例外ではなかった。

ストに備えてSS在庫を満倉にしたが、九十日となると全く手の打ちようがない。この影響は海上輸送に依存する小野田セメントにとっては大きな打撃となった。当然、どうなるのかということで、親会社からさんざん怒られる。当時の東京支店長・伊藤公之さん（元常務、元東海運社長）にも、どうなるのだと心配をかける結果となった。三菱セメントを運んでいた鶴丸海運のタンカーも止まっており、同社の専務ともお互いに「どうなるのか」「経営者団体から脱退して単独妥結するか」と話し合ったものだ。

はっきり覚えていないが、ストライキはたしか、運輸大臣の調停で解決した。しかしこの間、小野田のセメント輸送量は約三百万トンも減少することとなった。当時の小野田の森清治社長からも、「やむを得ないこととはいえ、東海運としてどう責任を取るのか」と強く言われるし、私も責任を感じて、もうやめたいと思う気持ちだった。

しかしストの収拾に伴う労働協約の改訂は、さらなる運賃の上昇を招いた。何らかの対策を立てて実施しない限り、すべて荷主に負担させることになり、そういう発想では会社の発展に自ら限界をもたらすということがはっきりしてきた。特に外航船ではこれを機会に、便宜置籍船の考え方を含めて、国際競争に勝てる体制づくりを強く要求されることとなった。

海運の経営計画の策定と実施　全日海の九十日ストライキの後遺症は、前々から指摘されていた、東海運の傭船料は他社に比較して高いという問題を、さらに表面化させることとなった。従って、この対策を立てていかなければ、東海運として今後新造船の受注の可能性が低くなり、海運部はオペレーター業務中心になって、海運業としては限界に来てしまう。こうした点を考えて、私としては経営計画を立ててこれを進行する以外にはないと判断した。

同時にセメントに依存した親方日の丸的な考え方ではいけないのではないか、あくまで競争原理が優先する状況の中で海運部の将来を考えるべきではないのか、と思わざるを得なかった。その計画の内容の詳細は省くが、大きなポイントは、①高い船員費に対して不経済な中型、小型船舶は適当な会社にドロップする②大型のセメントタンカー中心の運搬を図るとともに、例えばオイルタンカー等の受注を行い、これにより余剰船員の吸収を図る③運賃制度を含め全体の合理化を進める——以上の三点にあった。

小野田セメントと協議の上、この考え方で進めることとなった。この計画の実施については、私はここで触れるつもりはない。ただ、その計画の実施の中で起きた色々な思い出だけを述べてみたいと思う。

そのひとつは二万一千トンの周洋丸のこと。その建造については小野田セメントの中でも前々から建造すべきだという意見が強かった。特に安藤相談役は是非とも建造を進めるべきだという意見であった。当時の小野田セメントはセメントの第一次輸送における海上輸送の依存度が高く、運航効率の向上は常に大きな課題であったので、経営陣にも専門家が多く、その中で本船の建造が決定された。私としては東海運のメンツにかけてもこのタンカーの受注をしたいと考え、松本社長にもお願いをして船主になることを決めていただいた。

そうした昭和四十八年一月のある日、私は常石造船の神原真人社長と息子さんの副社長の来訪を受けた。私は神原社長とは初対面であった。神原社長は強い意志をもった指導者だなという印象であった。同時に年齢に関わりなく若々しい着想を持った人だなという印象であった。私に対して、このタンカーを是非やらせて欲しいということだった。同時に、当時造船業界の状況が悪かったこともあるが、極めて低い船価を言われた。私は初対面なのに、その率直な対応のされ方に強い印象を受けた。

二万一千トン積みの周洋丸

親会社の松本社長、大島専務に相談すると「やらせてみよう」と言われた。大型の圧送船でMゼロ船（機関員無人化）であり、荷役関係工事について未経験なことを不安視する声もあったが、思い切って発注を決めた。当時の常石造船は、実に発想が豊かな会社で、会社全体の空気も若々しかった。それが、小野田セメント・東海運と常石造船の出会いだった。その関係は今日まで続き、私達も色々な意味で海運業のノウハウを勉強させていただいた。

つづいて同じMゼロ船一万一千トン型の旺洋丸、宗洋丸の建造を行った。東海運の船隊の大型化に先立って中型船のドロップを行い、順洋丸、泰洋丸、白洋丸を小型船専門の会社に引き渡した。引き渡しに当たって、乗組員の技術面は大丈夫かという声もあり、引き渡し当日の出航、荷役作業について心配したが、ほとんど問題にならなくてホッとしたことを覚えている。

セメントタンカーの大型化と並行してオイルタンカーの受注活動を進めた。私にとって初めての経験だったが、東京タンカーが建造計画中の八万トン型タンカーの受注を進めた。当時、東京タンカーの社長は壷井玄剛さんだった。私の父の運輸省時代の知り合いで、そんなつてもあって好意的に話を進めていただき、幸いにも受注することになった。これも周洋丸と同じ常石造船で建造することとなった。

四十八年十一月、オイルタンカー東洋丸は竣工をみた。ペルシャ湾と日本石油・横浜精油所間を中心に輸送を開始した。しかし、残念なことに、ここで第一次石油危機が発生して計画に狂いが生ずる結果となった。特に諸物価の高騰は傭船料を直撃することとなった。ある意味では私の海運部長としての五年間の中で、東洋丸の処理は最も苦しかったことのひとつというのが実態かもしれない。最終的には五十一年二月雄洋海運に売却する結果となった。

私が海運部長として在任した五年の間に、今はっきりした記憶はないが、周洋丸を始め五〜六隻のセメントタンカーを建造し、東洋丸の建造も行った。その中で忘れ難いのは、プッシャバージの豊前丸の建造と運航開始である。従来の津久見—恒見間の原料輸送の中心だった機帆船を整理し、豊前開発という会社を設立してプッシャバージを建造、運航させた。

これは比較的順調に推移したが、残念ながら大分県姫高沖で荒天のため船長親子の遭難・死亡、特に船長は下半身のみ発見されるという痛ましい事故が発生した。誠に残念なことだったと今でも思っている。心から冥福を祈っている。

海外の経験　東海運時代の中で最後に述べておきたいのは、いくつかの海外における経験である。

その一つは、セメントタンカー急洋丸の売船である。この船はスクラップの予定だったが、欧州の船会社から購入の申し入れがあり、売却交渉を行った。価格がまとまり引き渡しのため常石造船のドックで立会いを行った折、相手の船会社のドイツ人オーナーに、何に使うのかと聞いた。彼がいうには、アフリカからマダガスカルへセメントを輸送するのだという。こんな船では長くはもたないのではないかと聞くと、それでいいのだと言われた。

彼の説明によると、傘下に一社一隻という船会社を作り、スイスのセメント資本のアフリカ進出に伴って、その輸送部門として運用し、ある程度の利益が出たら売却して他へ移るという話だった。私は意味がよく理解出来なかった。ただ、欧州のセメント資本のアフリカ進出が始まっていることが話の端々から容易に推察出来た。

すでに欧州各国の市場は、成熟期を迎え、需給ギャップからセメントメーカーの淘汰が進み始めていた。一方、各国のセメント資本はその活路を海外への投資による経営の転換に求める動きが始まっていた。急洋丸の購入はその動きのひとつの現れであった。

私は漠然と海外の動きに関心を持ち始めた。

当時の小野田セメントは比較的海外志向の強い方のセメント会社だったと思う。シンガポールへの進出も早かったし、セメントと鉱石輸送兼用の昭洋丸の運航も早かった。輸出も熱心にやっていたと思う。また、海外の技術習得のため技術者の研究派遣も熱心に続けていた。

しかし不思議なことに、事務系の海外派遣や研修は全く行われなかった。それは輸出業務に関係する人だけに限定されていた。我々もそうした機会を持ちたかったが、めったにあるものではなかった。これは日本のセメント産業が国内市場中心に動いていた時代には、不必要なことだったのかもしれない。しかしそうはいいながら、若い人々の眼は海外の動き、情報を求めていたのも事実である。このことは後に色々な意味で問題になるが、私自身も含めて井の中の蛙大海を知らず、といった点を痛切に感ずる結果となる。

東海運は船会社であるとともにコンテナ輸送、トランスシベリア輸送等海外との接点は当然多く、その点では思考はより自由だったと言える。

昭和四十八年の第一次石油危機以降、セメントタンカーの建造抑制が行われたが、その後のセメント需要の回復と成長は急ピッチで、一時的なタンカー不足が予測された。

たまたま、ノルウェーにセメント用船舶の売り物があるというので、小野田セメントの了解を得て調査することになった。

私にとって欧州出張はこれが初めてだった。個人的にはハワイ、香港あたりに出かけていたが、出張は初めてだった。たしか、同行者は東京大学造船科の教授ともう一名だった。アンカレッジ経由でアムステルダムで乗り換えオスロへと向かった。私にとっては何もかもが珍しかった。

オスロで小さなホテルに一泊、翌朝車で出発し約二時間かけてフレデリックシュタットという小さな町の造船所に着いた。その日はたまたま金曜日だった。造船所にある新造中のタンカーはまさに手作りで造られているという感じだった。荷役装置はカールセンシステム。六千トン積みの外航船だった。同行の教授と機関長が詳細調査を行い、夕刻に終わった。

私にとって最も印象的だったのは船長、機関長の部屋だった。欧米の場合、船室の設計については身分差がはっきりしている。船長婦人用の部屋等は日本のタンカーでは想像できないくらい立派だった。

夕方、湾内の小さな島のホテルに向かった。王室の別荘のある島の一角にあるホテルだった。渡し船のようなボートには着飾った男女が一杯乗っている。何があるのだろうと思いながらホテルに向かった。夜になるとその人たちが一斉にホテルに集まって来た。朝までダンスパーティーが行われた。町の人々の週に一度の楽しみだったらしい。私の部屋にも猛烈なノックとともに人が入って来て、連れ出されてダンスに加わることとなった。

調査後、ロンドン経由で帰り、小野田セメントの松田二郎専務（故人）に報告した。「荷役装置は小野田の圧送式が進んでいるな」と言われたが、「値段が合えば」ということだった。二度目の価格交渉を行ったが、予想以上に高いので断念することとなった。

初めての韓国出張　ある時、安藤相談役に呼ばれた。相談役の部屋には体格の良い、でっぷりと肥った人がおられた。紹介されたのは李大洋という人だったと思うが、東洋セメント（韓国）の社長だった。当時、安藤さんは東洋セメントから色々と相談を受けておられた。話の内容は、東洋セメントのセメントを三陟港から釜山に海上輸送する相談であった。東海運がドロップした中古船二隻をもって行って海上輸送にあてるとのことだった。小野田セメントの了解を得て、船長および前田忠義さんを同行して韓国に向かった。真冬だった。これが私の初めての韓国訪問だった。

ソウルから夜行列車で三陟へ向かった。一等車はすき間風が冷たく、余り眠れなかった。朝早く三陟に着いて工場に向かった。東洋セメントの社長も同行された。工場は比較的良く整備されており、従業員の規律も正しく、我々に対しても礼儀正しい対応をしてくれた。

三陟港での操船の難易度、入船、出船の状況など必要な調査が終わった後、飛行機で釜山に向かうこととなった。三陟から空港まで一時間くらいかかったと記憶している。途中の海岸線のいたる所に軍のパトロールがいるし、砲台や機関銃座があって、警戒が極めて厳重であった。海岸線は砂浜がホウキで掃いたようにきれいになっており、ゲリラの侵入はすぐ分かるようになっていた。日本で見聞きしていることと余りにも違う現実を見て、私も考え込まざるを得なかった。私達は釜山のSS予定地を見、大邸、ソウル経由で日本に帰った。話が進み二隻の中型セメントタンカーが韓国に売船された。

ニューヨークへの出張

オイルタンカー東洋丸はサウジアラビア—横浜間だけでなく、

他国への輸送もしていた。ある時、サウジからニューヨークへの原油輸送を行った。当時、外航船には医者または、正式の名称は覚えていないが衛生管理士を乗せることになっていた。仕向先の変更でこれが間に合わないことになった。そういう問題もあって、ニューヨークに停泊中の東洋丸内で労組と交渉を持つこととなった。初めての米国だった。ニューヨーク到着後、ハドソン川上流のニュージャージー州パーサムボイへ向かった。ハドソン川は川幅が広くて水深も深く、八万トンの東洋丸は約百キロ上流まで上った石油埠頭に接岸していた。

話し合いが終わった後だったか、その最中だったか覚えていないが、事故が起きた。川の流れのせいだと思うが、パナマ船籍の船と東洋丸が接触し、その間にタグボートが挟まれ沈没するという事故だった。私は船長と打ち合わせ、慌ててニューヨークに向かい大正海上の支店に行って事故処理をお願いした。

夕方、一段落してひとりで国連ビルの近くから五番街のホテルまで歩いた。薄暗くなり始めたころだったが、人通りは多かった。突然男女の二人組にビルのすき間に引きずり込まれた。同時に私のノドのところにナイフがあてられて「マニー」といわれた。びっくりしたが、不思議なことに恐怖感はなかった。私はポケットから全部出して渡した。傍を人が通りぬけて行くのに誰も気に止めようともしないし、私もヘルプという言葉が出てこない。アベックは渡した金に満足したのか釈放してくれた。私もさすがに走って逃げた。

東洋丸の採算は石油危機の影響もあり悪くなる状況にあった。そこで売船交渉を進めることとなった。幸い、東京タンカーの了解を得て雄洋海運に売却することとなった。こと志とは違った結果となって、私にとっては残念であったが、会社に迷惑をかけたことだし、やむを得ない結末となった。

八、東京支店長時代

鹿島レミコン社長　昭和五十一年（一九七六年）三月の初め、オイルタンカー東洋丸の売却手続きが終わり、関係方面にあいさつ回りをして会社（東海運）に戻ると、社長室に呼ばれた。社長は五十年に塚本さんから宮川茂雄さん（元小野田セメント専務）に代わっていた。宮川社長は「親会社から、君に鹿島レミコンに行ってくれと通知があった」と言う。

当時、生コンのことは知らなかったから、茨城県の鹿島に行くのだなと思った。私は東海運に五年もいて、色々やってきて愛着もあったし、ここで骨をうずめるのだと割り切りつつあったが、社命だから仕様がない。どうせ親会社には戻れないと思っていたから、それほどショックではなかった。むしろ、一緒に仕事をしてきた海運部の人達の方が相当ショックを受けていたようだった。

鹿島レミコンは茨城県ではなく東京にあった。本社は中央区茅場町にあり、都下の調

鹿島レミコン社長の歓送迎会

布、横田、多摩、埼玉県の川口、神奈川県の磯子と五工場を持っていた。元々は専業のオーナー会社だったが、創業者が不動産投資で失敗し、小野田セメントが救済する形で直系生コン会社にしたものだった。

三月末に鹿島レミコン社長に着任し茅場町の本社に行った。生コン会社は工場が中心だから事務所は小さい。それはそれで納得したのだが、小野田セメント時代はもとより、東海運のときも東京駅近くの日本ビルディング十階の大きなフロアで仕事をしていたから、正直なところ、ここで働くのかと少し寂しさを感じたのは事実である。同じビルに三荒（日本セメント系の生コン輸送会社）の本社があり、荒尾進一社長（故人）にはその後、随分ご馳走になった。荒尾さんはミキサー車による生コン輸送の草分け的な人であり、いろいろ教えてもらった。

鹿島レミコンの経営は、以前の不動産投資の失敗に加え、第一次石油ショック後の生コン需要の激減と過当競争による市況の下落によって、厳しい状況にあった。その経営再建が私の仕事だったが、経営については東海運時代にいろいろ経験し勉強していたから、あまり難しいとは思わなかった。また、当時は今と違って、直系生コンの経営は親会社に依存しており、苦しくなるとセメント代を下げてもらったり援助してもらえたから、経営者としての苦労はあまり感じなかった。

ただ、生コンのことは全く知らなかったから覚える必要があり、とにかく工場の現場を回った。工場はどういうことをしているのか、運転手など現場の人は何を考えているのか。そういうことを知ることが大事だと思っていた。だから、各工場の慰安旅行や野球大会などにも必ず参加した。こうして運転手さんたちとも親しくなり、生コンのことを随分と勉強したと思う。

鹿島レミコンにはわずか十一カ月しかいなかったが、その当時はちょうど、生コン業界が大きな転換期にあった。需要減のなかで乱売戦になり、この状態から脱却するため協同組合を組織して共同販売事業を実施する準備が行われていたのである。セメント業界も、不況カルテルを実施したが生コンの市況下落で成果があがらなかったため、生コンの協組共販の推進に全面的に協力していた。

セメント出身の山岸次郎さん（東京コンクリート＝元日本セメント、故人）、友近久一さん（晴海小野田レミコン＝元小野田セメント）、岸川松市さん（神奈川アサノコンクリート＝元日本セメント、故人）などが、東京、神奈川でそれぞれ中心となり、共販の準備を進めていた。鹿島レミコンは各地区に工場を持っていたので、私は埼玉や三多摩、湘南なども含めあちこちの会合に参加した。ただ生コンの勉強中だったから、多くの生コンの社長さんたちの話を聞いているだけだった。

同じ小野田レミコングループの平井保さん（元全生連会長、故人）、真鍋憲郎さん（元関東中央工組理事長）、吉田治雄さん（全生協組連初代会長、現全生連副会長）など、古くから生コン業界の組織化に尽力されてきた専業生コンの経営者の方々と出会い、いろいろ教えてもらうことになったのも、このときである。

協組を組織し、加入するにあたって、鹿島レミコンは従業員数が多く中小企業の要件を満たしていなかったため、そのままでは加入できない。アサノコンクリートなども同じだった。そこで鹿島レミコンも工場ごとに会社を分割することになり、登記や協組加入の手続きが終わったのが、五十二年の初めだった。その仕事を最後に私は、小野田セメントに復帰することになる。鹿島レミコンの時代は生コンの現場と業界についてひたすら勉強した一年だった。

大島健司氏が社長に就任　鹿島レミコンの時代は結果的には短く、運転手さんや現場の人と遊んだり、生コン業界の多くの方々と接して酒を飲み、それなりに楽しかった。しかしその間には、このまま一生、生コン会社の社長でよいのだろうか。何か別の道はないだろうか、と考えることもあった。これは関係会社に出向していく人が、ある意味では必ず考えることかもしれない。同時に出向していく身より受け入れる側のことを考えると、本気でその仕事に取り組む気持ちがなければ社員はついてこないし、会社をだめにもしてしまう。二度の出向を重ねて、私はこのことが身にしみて分かったが、そういう迷いを思い止めさせる要素のひとつに、大島健司さんとの関係があった。

大島さんとの出会いは、私が人事課長のときだったことは前に述べたが、その後東海運に出向してからも、ときどき呼び出されてご馳走になった。大島さんは当時、専務で営業を担当されていたが、新たに設置された資源事業部も担当されていた。資源事業部では、中部電力の尾鷲火力発電所にタンカルを供給し、そこから排脱石膏を引き取って販売する事業を行っていた。それを引き取って恒見（福岡県）の集積場に輸送したり、セメント工場に供給する業務を東海運が引き受けていた。

そういう関係でお付き合いが深まったが、それと関係なく、大島さんが親しかった小野田市の商工会議所の藤田会頭や津久見の戸高鉱業社の戸高社長が上京した折の会食に、必ず呼び出されていた。それは鹿島レミコンに行ってからも続いていた。大島さんはゆったり話を聞いてくれるし、私はそういう性格が好きでいろいろ思っていることを話した。大島さんが何故、私を気にかけてくれたのか、よく分からないが、私はどちらかと言うと、思っていることをはっきり言う方だから、かえってそれが気に入っていたのかもしれない。

これは、私が社長になってからのことだが、大島さんに「いつ頃から私のことを見ていたのですか」と聞いたことがある。すると大島さんは「人事課長のときからずうっと見ていた。しかし君も、処世術が下手だなあ」と言われた。私がいろいろ問題を起こすものだから、印象が強かったのかもしれない。

私が鹿島レミコンにいた昭和五十一年七月、松本幸市社長が急逝され、大島さんが社長に就任される。その年の秋、大島社長に呼び出されてご馳走になった席で「帰る気はないか」と言われ、「私に戻るところはあるのでしょうか」と言ったら、「いずれ戻ってもらうからな」と言われた。そのときは、小野田セメントに戻るとしても一年か二年か大分先のことだろうと思っていた。

ところが、五十二年になって二月の初めに大島社長に呼ばれ、「東京がいいか、大阪がいいか」と言われた。要するに支店長になれというわけだ。私は「営業の経験がないし……」と言ったのだが、結局、東京支店長になった。東京支店長だった伊藤公之さんは営業部長に就任した（のち常務）。

小野田セメントに戻ることになって思ったのは、人間というのはどういう巡り合わせで、どう変化するのか、本当に分からないものだということだった。過去を振り返って感慨に浸っている暇もなく、とにかく営業は素人だし、一生懸命やるしかないと思った。それにしても、どうして大きな変わり目ばかりに遭遇するのかと、今でも不思議に思う。大船渡工場までは、色々な事件があったとはいえ普通のサラリーマン人生だったが、東京に来てからは、赤字になった時だけ経理課長を務め、人員整理のあとに人事課長になって労使関係の改善を手伝い、経営再建のため東海運に行った。そして今度は、生コン業界の組織化・共販という大きな変わり目に、セメント業界の第一線の支店長として関わっていくことになった。

鹿島レミコンの社員たちとも、ようやく一年たって話が出来るようになった時、東京支店長になることになった。送別会の席上、ある社員から「社長はおもちゃ箱をひっくり返し、片付けもしないで出て行くんですか」と言われた。私はもっともだと思ったし、彼の気持ちも痛いほど分かった。本当に済まないという気持ちだった。

親会社と子会社との関係については色々と議論されるが、仕事の性格の違う子会社で会社経営をやる場合、親会社の意向だけで経営をやっていくことは出来ない。そこにはその会社なりの労使関係があり、仕事の仕方がある。同じサラリーマンでもそれなりの社風を持った人達がいる。その中に入る以上、本当の意味で腰を据えなければ社員も付いてこないし、労組とも表面だけの関係になってしまう。私のように一年だけで動くことは、決して良いことではないとしみじみ思った。

小野田セメントに戻ってもうひとつ強く感じたのは、大企業の組織の窮屈さだった。東海運、鹿島レミコンで仕事をし、自由で個人の能力が発揮できる雰囲気に慣れて来て、身も心もそれに馴染んでいた。しかし、大企業は組織で仕事をし、ルールに縛られる。そこに窮屈さを感じ、慣れるまで大変だった。

表と裏のあるセメント営業　さて、これから東京支店長時代に入ることとなるのだが、実はこの支店長から営業部長、その後の営業担当常務の時代を含めて、どう書いたらいいのか大変迷ってしまう。

営業というものは常に表と裏がある。セメント事業は歴史的にカルテル的体質を常に抱えてきている。これは欧州のセメント業界でも共通していることであり、ある欧州のセメントメーカーの社長が私に「セメント事業は独禁法になじまない」とまで明言するくらい、各国共通の体質といえる。

日本の場合、もっと状況を複雑にしているのは生コンクリート業界との関係だろうと思う。従って表裏一体となった物事の流れを切り離して表のことだけを記述すれば誠に無味乾燥な話になるし、裏だけを話すとこれまた、とんでもない暴露物になってしまう。支店長になってからよく分かったことは、実際の問題というか、起きた現実の本当のことと、各社それぞれの利害関係者の立場から理解することが全く違うということだった。例えば私自身の支店長像にしても、大変評価が分かれていたと思う。支店長を五年近くやって「あいつはとんでもない支店長だ。シェア中心主義だ」と言う人もいたし、「いやそうではない」と言う人もいて評価は分かれる。これは、私自身の考えていることと無関係にひとり歩きする。

そうした誤った見方をされていることを考えると、ありのままを言ってみたい気もする。実はそんなことであまり書きたくなかったが、やわらかく取り上げてみる。

私は昭和五十二年二月、東京支店長に着任した。当時の業界は第一次不況カルテルが五十一年一月に終了して一年後であったが、不況カルテルによって上昇したセメント並びに生コンの価格がその後、過当競争のため低落傾向にあり、各社の経営、特に生コン各社の経営を圧迫し始めている状況下にあった。

当時すでに指摘されていたように、生コン業界は小資本での進出が可能なため、セメント会社の資本系列をはじめ販売店、骨材業者、建設業者等の参入によって工場が乱立していくとともに、一方ではセメントメーカーのシェア争いがその混乱をさらに加速することとなった。生コン工場数は全国で四千六百工場程度まで増え、その工場の操業度も極めて低水準にあえぐ結果となった。

そのままで過当競争が続けば、セメント事業、生コン事業にとって自殺行為に等しいという状況にあった、と今でも思っているが、実際にはセメントメーカーも生コンメーカーも、直面しているそれぞれの状況によって、問題認識にはかなり温度差があったのではないかと思われる。

例えば、生コンの共同販売事業の実施についても、セメントメーカーの中にはこれを緊急避難と認識するものと、そうではなくて生産から販売も含めた構造的な問題と捉えて根本的な解決へと進むべきだと考えたものがおり、両者の取り組み方には当然、差が出てくる。

同じように生コン業界の中でも、個々の企業の将来に向けての拡大のあり方と、共同販売の考え方に矛盾を感じているものもあり、共販制度そのものへの取り組みに差が生じてくる。ましてや生コンはセメントの販売手段と捉えてしまうと、基本的にはシェア争いの道具となって、常にそれぞれのセメントの販売政策の影響を受けてしまう。

そうした矛盾を内包したまま、当時は生コンの協同組合による共販実施によって、当面の困難から脱出することでは政策的に意見が一致していた。昭和五十二年の私のような東京支店長の立場は、一都六県にわたって生コンの共同販売事業の推進に全力をあげることにあった。

当時の各社の東京支店長は、日本セメントが金森務さん、秩父セメントは茂木安雄さん、宇部興産は永田良人さん、三菱鉱業セメントは渋谷貞吉さん、住友セメントは中村新一さんだった。各県とも問題が多かったが、最も問題の多かった千葉で木村道夫さんが日本セメントの営業所長をされていた。現在の当社の木村社長とは不思議なえにしと思うが、その後東京支店長、営業部長、そして常務、社長と同じ道を後先しながら歩くことになった。

当時の東京地区生コンクリート協同組合の理事長は山岸次郎さんだった。私は今でも確信をもって言えるが、山岸さんはまさに東京地区協組をつくり上げた人だと思う。その信念といい、指導力といい抜群のものがあった。五十二年から五十三年にかけて東京地区の共同販売事業が成功裡に進んだのは、山岸理事長の力によるものだったと思う。

山岸理事長の要請もあって、セメントメーカーは共販事業の推進のために優秀な人物をそれぞれ派遣した。小野田セメントは友近久一さん、日本セメントは余合啓吾さん（故人）で、彼等を中心に共販の推進を図った。どんな組織でも結局は人の和と団結がなければその成果をかち取ることは出来ない。

生コン共販をめぐる議論　生コン協同組合に続いて昭和五十二年八月には関東セメント・生コン卸協同組合が発足した。初代理事長は村本実さん（三和興業社長、故人）、副理事長には矢島喜一郎さん（矢島建商社長、故人）、田村保さん（京北産業社長）などがおられ、浅野五郎さん（浅野總業社長）も重要な役割を果たし、のちに理事長を務めた。その当時を振り返ってみると、たしかに生コンもセメントも販売店も結構、人材はいいた。交代期というか、一つの変わり目になって新しい仕事をやる時には、必ずそれにふさわしい人たちがいるものだと思う。

良い悪いは別として、個性が強いというか、独特の人々が生コンにも販売店にもそろっていた。従ってまとまるのは大変なことだったし、まとめていく人たちの苦労も大変なものだった。それがあの時期、比較的うまく進んだのは山岸次郎さんや浅野五郎さんの指導によるものだった。

私は山岸さんには直接、色々言われたし、随分言いにくいことをはっきり言う爺さんだなと思ったが、一方ではその考え方、理念、また状況の読み方は独特のものを持っておられて、その意味では大変好きな人だった。今でもこの人が生きていれば、言いたいことを言ってくれるだろうと思うし、私も色々と言ってみたい気がする。ただ、山岸さんが私をどう評価されていたかは知らない。

というのは、支店長時代に協同組合活動を推進しながら、一方ではこれでいいのかという疑問を常に持っていたからである。それは第一に、セメント業界の考え方の問題であった。先にも述べたように、協同組合活動を進めるにはセメント業界の応援なしには出来ない状況にあったし、セメントメーカーそれぞれの考え方、方針が一致しない限り出来ないことも事実だった。そのセメント業界の考え方に濃淡があった。共販は生コン、セメント価格維持のための緊急避難と考える会社があったし、一方で協同組合活動を進めることが日本のセメント産業の将来のために絶対必要だと考えるものもあって、これらがいわば同床異夢の中にある状況だったのかもしれない。

それは結局、ＳＳの新設とか、生コンの新増設という現象となって現れる結果となり、一方で共販事業確立のための活動のアンチテーゼとなって混乱に拍車をかけていくことになった。あるメーカーの支店長は、その会社のＳＳ建設について自粛を要請したのに対して「うちの会社にとって東京は植民地だから」という有名なセリフを吐いたが、そうした状況の中で協同組合活動の意味は何かということだった。

第二に、協組活動自体の問題であるが、生コン会社の経営に対する考え方の中にも問題が潜んでいた。特に生コンは地域中心の産業ではあるが、会社によっては、更に大きく成長しようという意欲を持っている会社も数多くあった。この考え方は専業社に強かったが、協組活動は企業の自由な成長拡大を抑えることとなる。基本的には自由競争社会の中の企業のあり方と矛盾するという考え方が強く出されていた。この点が、組合加入をめぐって、私共と多くの生コン会社社長との論点になった。

一般的にいって、協同組合は世界各国にもあるが、日本のような形での共販活動を実施している国は殆どないと言ってよい。しかも共販活動の最大の狙いからみてその地域における独占的地位を確立することが望ましいが、自由競争社会である以上、新規参入、またはアウトサイダーの存在は避けられない。それは独占的価格の設定と実現を困難にする要因になり、また、その地域の需給がアンバランスになる中で活動そのものが崩壊する可能性も大きい。

一体、自由競争社会の中でこうした共販活動が可能なのか、また、永続性があるのか。私自身解決できない問題を抱えながら、この時期の支店の営業活動の方針を定め、販売店や生コン会社との意見交換を進めた。だから、山岸理事長を始め生コン協組の多くの人々とも議論を重ねてきたが、同時に一方では、浅野五郎さんを始め多くの販売店の人々とも随分突っ込んで話をした。特に矢島さんとは率直な意見交換を行った。

浅野五郎さんはまさに浅野總業の総師だった。当時の小野田セメントは、浅野総業からみれば蟷螂の斧でしかなかったかもしれないが、最大最強の競争相手だった。そうは思いながら五郎さんとは、私は考え方に一脈相通ずるものを持っていた気がする。

日本セメントと秩父小野田の合併の進行にあたって色々な意味で彼の果たしてくれた功績は大きい。合併の意思を決定する前に二人で食事を共にしたことがある。その席上、五郎さんは「セメント業界の将来を考える時、両社の合併は絶対に必要だと思う」と熱っぽく私に語った。私は真剣に彼の話を聞いた。合併となった時に浅野總業として見事な決断をされたと聞いているが、もっともだという思いがする。

支店長時代には実に多くの人達とお付き合いをしたし、会社という枠を越えての付き合いも多かった。その中でも忘れ難いのは内山甚一さん（内山コンクリート工業＝現内山アドバンス＝社長、故人）である。五十二年四月に初めてお会いした。当時、小野田セメントと同社は既に長い取引になっていたが、協組加入をめぐって意見が対立した。彼は十五歳の時から苦労し同社を発展させてきた人で、理の人というより情の人だったと思うが、経営に対しては確固たる信念を持っていた。参謀は柳内正基氏（当時専務、現内山アドバンス社長）だった。二人が相手で大変手こずった。私にしてはめずらしく闘志をわかせてぶつかった。家内が大丈夫かと言うくらい通い詰めた。一つの会社にあれだけ毎晩のように通ったことはないが、本当に議論に議論を積み上げていって、やっと協力していただいた。

今になるとヤレ癒着だ、なんだと言われるけれど、私は平気だ。それは激しい議論の中から出た友情みたいなもので、物的なものは全くなかったからだし、むしろ自分でその時やらねばならぬ、やりたいと定めたことをやり抜いた結果だと今でも思っているので、何と言われてもどうということはない。

ともあれ、私にとって東京支店長時代、その時につくった人脈と人との付き合いが、社長、会長になってからもどんなに役立っているか、改めてしみじみ思う時がある。

大島さんのこと　やっと支店長の時代に終わりを告げそうになったら、何時の間にか年末となり、正月を迎えることとなった。正月にあたって、続いて自分の経歴を述べる前に、これからとの関連でいくつかのことを書いておきたいと思う。

昭和二十七年小野田セメント入社以来、今日まで四十八年の月日が経ってしまった。私はその中で改めて感じているのは、人との出会いではないかとつくづく思っている。特に、大島健司さん、諸井虔さん、そして北岡徹さん、木村道夫さんの四人との出会いが、私の五十歳〜六十歳代の人生を定めたのではないかと思う時がある。いや、尊敬すべき四人の人々との出会いは、私だけでなく、それぞれの会社に属していた人達の人生さえも変えたのではないかと思う。

大島健司さんとの出会いはすでに述べたように、大島さんが名古屋支店長の時であった。大島さんは営業畑を中心に歩いてこられたし、私は工場の経理中心であったから当然でもあったのだが、人事課長になって人の評価、昇進、配属等について意見を交換するようになったのが、始まりであった。

三井物産の八尋俊邦相談役が、「あれだけの人格者は財界にはそうはいないよ」と言われたことがあるが、佛の風情をもっている人だった。温厚で、笑うと人の心に染み入って来るような優しさをもった人だった。

恐らく旧小野田セメントの社員ならほとんどが知っていると思うが、大島さんはどんな人に対しても必ず「〇〇さん」と呼ばれる。人の上下は問わない。それは驚くほど徹底していたのだった。その中に大島さんの人間に対する考え方があらわれている。多くの社員達が、大島社長の人格にふれるにつれて、尊敬の念とともに、一方ではその心の広さのゆえに、社長に対する甘えを出す社員も多かった。そんな時でも大島さんが怒るのを見たことはなかった。

私が社長になってからのある時、ある人の人事をもって相談にいった。大島さんは異存のない時は「うん」と返事をされる。気に入らないと絶対に返事をしない。駄目なら駄目と言えばいいのに、とこっちは思うのだが返事をしない。その他の人事異動の話が終わったところでその人事をもう一度出してみた。案の定、返事をしない。その案件は温情的色彩のある人事であったのだ。その時大島さんは「君は私より情にもろすぎる。社長は必要な時には毅然たる態度をとりたまえ」と言われた。私はその案を引っ込めた。

よく考えてみると、大島さんの社長としての判断を見て、ときとして冷たいのではないかと思われるほどの人事があることが分かる。それはやはり、会社を指導する立場にあった人として当然のことだったと思う。

同時に、この人はどこから情報を取ってくるのか、よく分からないが、常に強い好奇心を持っていたし、新しいことをすぐやりたがる人だった。安藤さんもそうだったが、大島さんのその傾向はきわめて強かった。その中で事業化され、今日の太平洋セメントの事業として発展しているものも多い。例えば小野田エー・エル・シー（現クリオン）から中部電力を始めとした電力関係のリサイクル事業等きわめて多い。その好奇心と先見性は、私にとっては誠に魅力のあるものだった。

東京支店長になって私は大島社長に仕え、大島さんが亡くなられるまで二十年の月日が経過する。私にとって大島さんの下で過ごした月日が誠になつかしく、今でもこのことは忘れることが出来ない。

大島さんとの出会いは私の人生に大きな変化をもたらすこととなった。恐らく、大島さんとの出会いがなかったら、私は社長になっていなかったと思う。社長になってからも大島会長と二人で話し合う時が一番楽しかった。よく八尋さん（当時三井物産会長）から、お前達は親子かと言われたが、私はそのくらい会長に甘えていたのかもしれない。

大島さんは松本幸市前社長が急逝されたあとを受けて社長に就任された。松本社長は責任感が強い人だったと思う。当時、晴海小野田レミコンから出荷された生コンの品質不良が新聞で問題となり、その善後処理に大変な苦労をされたのを始め、インドネシア等の投資の処理に、恐らく心労が重なったからだと思う。社長室で倒れ不帰の人となられた。

その時、大島専務はインドネシアのチラチャップ工場に出張中だった。秘書からは大至急帰れと言うだけで、その理由を何も言ってこない。いくら聞いても言わない。バリ島経由で帰ってみると、社長の不幸を伝えられ、心の準備のないままに就任された。そのことを何度も私に話された。私が社長になってから愚痴めいたことを言うと、「何を言う。私は何の準備もないままに社長になったのだ。その点、君は幸せだと思え」とよく言われた。

たしかに社長という立場はその責任意識からして、副社長以下とは根本的に違う。社長は孤独だとよくいわれるが、それは決断の時にはっきりと出る。その結果はすべて自分の責任としてはね返る。日本の会社の中で本当に良い会社と駄目な会社の差は色々の要因はあるが、最終的には社長の差が決定的な要因となる。

大島さんは社長就任後、それをしみじみ感じられたのではないか。今考えてみると、これから述べる営業部長、常務時代は、大島さんは意図的に私に対して機会を与え、それを見ていたように思えてならない。

流通機構に疑問持つ　出会いの話がいつのまにか大島さんとの話だけになってしまった。諸井さんとの出会いは後の機会にゆずるとして、第二に私が今でも思っているのは、支店長、営業部長時代を通じて日本のセメント・生コンの流通機構のあり方に疑問を持ち始めていたということである。

私自身、販売店制度そのものについてその当否を論ずる必要はないと思っている。ただ、販売店の性格が極度に変質し始めているということだった。恐らく当時でも全国的に見た場合、地域によって大きな差が出始めていた。特に生コン事業との関連の中で販売店の果たす役割は確実に変化してきていた。それは特に、都市部と地方との間で明確に差が出ていた。

都市部では、価格決定については販売店がノータッチに近い状態になっていった。それは相対的に販売店の機能を分化させる結果となり、営業能力を失わせ、デリバリー中心の機能へと変質させた。また一方、販売店自身の過当競争はゼネコンへの過剰な売り込みとなり、その結果はいわゆる二階建て三階建てという多層構造を生むこととなり、販売店の薄口銭の状況を生み出し、販売店自体の経営を圧迫する結果となっていった。

生コンの受注競争はセメントのシェアと連動するため、協組の決めた価格で受注した形を取りながら、後にいわゆる地下水という形で結果的にゼネコンへ還元する方式も出てくることになった。生コンの販売も販売店のほかに、ゼネコン系、大手商社、生コン専業の販売機構などが複雑にからみ合って流通機構が形成される結果となった。私はこのままでいいのだろうかと疑問を呈さざるを得なかった。

社長になってから対米投資を実行した。その時から私は米国のセメントの販売方式を勉強する機会が増えた。その中で特に注目した点は二つあった。一つはセメント販売を含む流通方式であり、もう一つは限界利益思考の否定であった。

第一の問題は、日本の機構とは比較にならないほど単純明快なものであった。その結果は流通コストの大幅な差となって現われる。例えば私共のカリフォルニア・ポルトランド・セメント（CPC）の場合は、年間三百五十万トン以上のセメントが約二十五〜二十八名の営業マンで販売されている。その販売コストは、恐らくセメントの売り値の三％くらいだと思う。日本の場合は一〇〜一五％くらいになる。この差は競争力を重視する場合、極めて重要な差になる。

生コンにしても同様で、米国には協同組合はあっても共同販売は独禁法で認められていない。従って自由競争であるのだが、この場合も営業マンは極めて少ない。ケースによっては長靴営業（日本のかつての生コン工場のように社長自ら洗車から営業まで飛びまわる仕事の仕方）が行われている。

この差についてCPCの連中と何度か議論したことがあるが、日本の実情について何度説明しても分からない。地下水なんかになると、何だそれはという顔になる。それはそうで、我々でもばかばかしいと思っているのだから。CPCの社長の感想は、「要するに日本人は現状の制度を変えないで、その中の一部を手直しして何とかしようとする。アメリカ人は制度そのものに問題があれば制度を変える。その差ですか」と言われた。当時は日米貿易摩擦の最中で、日米間で板ガラスを始め色々な品目の流通が問題になっている時期だっただけに、彼の発言は大変印象深かった。

今でも日本のセメント・生コンの流通システムは根本から変えなければならないと思っている。ただ、それは単純に販売店システムをなくすということではない。販売店の機能を明確にすることが肝心であり、それが出来ない販売店は退場するしかないのかもしれないが……。

流通問題に触れたが、この問題は業界としてもっと掘り下げて論議をしていかねばならないのではないだろうか。支店長の当時から私はこの点について、かなり大きな疑問を持ってきた。後に触れざるを得ないが、いつの間にかそれが慣習となってしまったゼネコンと生コン、そして生コンとセメントとの商取引の非近代的な関係が、この問題の根底にあることは間違いないと考えている。

限界利益論の問題　さて次には、米国での経験を踏まえるまでもなく、限界利益論がセメントメーカーの大きな問題ではないかということである。限界利益とは簡単にいえば売り値マイナス直接費ということかもしれない。この限界利益という発想を基にして戦後の日本の経営が発展してきたことは間違いないし、私も入社以来常に色々な局面で利用してきた。ところが米国で私はこのことに関して奇妙な経験をすることとなった。

小野田セメントがＣＰＣを買収した時、ＣＰＣはアリゾナのツーソン近郊に一工場、ロサンゼルスに二工場をもっていた。そのうちアリゾナとロス近郊のモハベという工場はコストも安く利益も出る状況にあったが、もう一つのコルトン工場は電力コストも高く、全体として直接費が高い工場だった。それでも限界利益は十分あった。私は日本の経験からして、フルコストでは採算的に赤字でも限界利益があるから、現状の売り値で販売させるべきだと考えた。そうすれば少しでも固定費のカバーが可能となる。その方針でCPCの営業担当と話し合った。

ところがどうしても担当のセールスマンは「ウン」と言わない。彼らの考えには、売り値マイナス原価イコール利益という発想しかない。原価をカバーできない販売は出来ないというわけだ。原価をカバー出来ないなら売り値をどうするか考えるべきではないかという主張が強く出された。

この考え方にはその後海外の至る所で出会うこととなった。例えば大連工場の投資にあたって、輸出の採算についての中国の建材局との話し合いの中でも出てきた。彼らは当時、金利・償却という点について十分な理解がなかったのは事実だが、一方でフルコストをカバー出来ないのはおかしいと言って譲らない。

日本の戦後におけるセメントの海外輸出は、むしろ限界利益の考え方を基本にして今日までやってきた。この発想が日本の国内においてもセメントの正常な市場秩序の維持発展を妨げてきたのではないかと時々思うことがある。

少なくとも高度経済成長時代においてはこの問題は表面化することはなかった。しかし、昭和五十年代後半になって、成熟産業としてセメント需給のバランスに構造的な変化が始まると、シェア争いは激しくなり、生コンを通じてのシェア志向のなかで限界利益の考え方が多用されるようになった。

限界利益の考え方は特に、現在日本のセメントおよび生コン市場における価格の無秩序なあり方に投影しているように思う。適正価格、適正利潤という考え方に立つならば、これはフルコストを前提とした議論であるべきだ。もちろんこのコストが高すぎてはいけないのは当然のことだ。限界工場のコストまですべてをカバーするというのでは社会的に受け入れられないのは当然だと思うし、国内外とも通用するようなコストでなければならないと思う。

ところが現在のセメント、生コンの地域間、あるいは域内における価格差は常識では考えられない異常な状況であると思う。具体的に言うのは差し控えるが、これだけ交通事情が発達して地域間の運賃格差が解消しているのに、川一つ隔てただけで生コン価格に一立方米当たり二千〜三千円の差がある。セメントも本来全国的に一物一価を基本として考えられるべきなのに、リーズナブルな値差をこえて驚くほどの格差が当然のように横行している。これでは我々もたまらないし、消費する側にとっても納得のいかない問題だと思う。

私は、限界利益的な考えに基づいて進められて来たシェア争いが、その大きな要因をなしているのではないかと思う。支店長時代の体験からいって、シェア争いの中で我々は適正価格、適正利潤という基本的な考え方を見失っていったのではないか。

海外のセメントメーカーとの交流の中で私は、各国のメーカーがこの点に極めて執着しているのに気が付く。セメント、生コンが、ゼネコンの物件の受注について価格が合わない場合でも断るのではなく、むしろ他社に取られるという恐れから、この値段では明らかにどこも採算が合わないことが分かっていても、受注せざるをえないという悪循環。その動きの中で価格はさらに下がる。その陰に限界利益の思想が見え隠れする。

我々はもうこの事実に気が付いてもいいのではないか。いや気が付いているはずなのだ。儲けのない商売をしないということが欧米では当然のこととされているのに、我々はいつまでこういう不毛な争いを続けるのだろうか。あらためて考えるべきではないかと思われてならない。

支店長時代はほとんど、生コンの共販事業の構築に時間を費やしてきたが、共販事業の進展に伴って色々な問題が生じてきた。その最たるものが生コンの新増設問題であった。現在では全国の生コン工場の総数は徐々に減っていると思うが、それでも四千六百以上の工場がある。フランス・ラファージュ社のコロン会長には「テリブル（ひどい）」という一言で片付けられたが、事実、その操業率、採算は恐ろしく悪い。

当時、そういう中でも新増設が相次いだことが、生コンの共販の運営に多くの問題を抱えさせることとなった。その結果、生コン業界の構造改善事業による近代化が当然、日程に上った。

私は業界のこの問題の取り上げ方には極めて不満であった。一支店長として意見を言っても取り上げられるものではなかったが、その理由はセメント業界の経営陣の姿勢に対する不満だった。それは生コンの構造改善について完全な意思統一が出来なかったからである。生コンの共販についても思惑が食い違っているし、その後の新増設についても、ケースによってはセメントメーカーの影が見え隠れし、決定的な対応が出来ない。その中で近代化の進行が一体可能なのかということだった。

第二の不満は、廃業や工場を廃棄する会社に対する補償が少なすぎるということだった。当時、全生連関東地区本部長だった平石久馬さんに意見をずいぶん言ったし、平井保さんにも意見を言ったが、取り上げてもらえなかった。

結果は、本来の目的が達せられないまま、共同試験場、研究設備の建設だけが行われた。結局、新増設問題は基本的な解決策のないままに、以後も私を含めて各社とも、分かったような分からないような対応をつづけることとなった。

取締役に就任　昭和五十六年、私は支店長時代に取締役に任命された。前の年に私と同期で入社した渡辺嘉香さんが任命されていた。その時、大島社長は支店長会議の席で「渡辺さんは少し年を取っているから先にした。君たちはまだ若いからあとだ」と言われた。皆笑った。こうあんまりアッケラカンと言われると、特に私はなんとも言いようがなかった。当時の小野田セメントでは東京支店長から役員になる例は少なかった。私の記憶では、伊藤公之さんが初めてだったのではないかと思う。

東京支店長時代、晴海小野田レミコンであいさつ

私自身のそれまでの人生を振り返ってみて、今でもそう思うのだが、私はサラリーマンとしては余り成功した部類には入らないのではないかと思っている。ある意味ではあっちこっちとたらい回しされてきて、おまけに上司には時々反抗してきた男だった。そんなときもみんなに助けられて今日までやってこれたのは、幸運だったという感じだった。だから役員になれと言われた時、いよいよこれで最後のご奉公かなと思った。

私も同意見だが、かつて諸井虔さんが私にこう言ったことがある。「あんたは実に多くの業務を経験してきたけれど、あれは会社が意図的にやったのではなくて、結果としてそうなったんだよ」。まさにその通りで、もしこれを意図的に会社がやったとしたら、それは大変なことだと思う。少なくとも私の人事課長時代の経験から言うと、それほどうまくはいかない。

ともあれ、取締役に就任したとき、意外にも友人の多くの人々が喜んで下さった。おかげで私はまた元気を出して仕事に取り組み始めた。少なくとも、数年のうちに常務になり、社長になる人生が待っているとは思わなかった。そんなことより支店長として足下に火のついた生コンの新増設、アウトサイダー問題の処理の方が頭痛の種であった。

支店長時代を終えるに当たってまとめのようなものだが、述べてみたいと思う。私の支店長在勤中に日本セメントの支店長は金森務さん、児玉淳美さん、木村道夫さんと三人交代された。秩父セメントは茂木安雄さんから河浦正樹さんへと代わったと思う。全体の支店長像は比較的個性も強く、支店のことは自分の考え方でやるという人が多かったと思う。同時に仕事をよく分かっていた人が多かった。各社の流通委員の方々（例えば小野田セメントでは安部成一常務だった）は、なんと言うことを聞かないメンバーだろうと思っただろうが、それぞれ一家言を持った人々だった。

私は特に悪かったかもしれないが、流通委員なんて人々はきれい事を政策論として語っても、やるのはこっちなんだから、連中は何もわかっちゃいないというわけだった。あれから今日まで二十年くらい経ったわけだが、昔と違って最近は特に、支店の現場と支店長、支店長と営業担当役員との認識の差が目立つようになってきている。そのことが今、私は大変気になっている。

忘れ得ぬことといえば、日本セメントの故児玉支店長のことがある。日露戦争で有名な児玉源太郎の孫である。大変な酒好きで恋文横丁の常連だった。彼とは随分酒も飲んだことを覚えているが、私には温厚な豊かな人柄と思え、時々お付き合いをしていただいていた。当時は日本セメントの東京支店も私の会社と同様、色々な問題を抱えていて心労は多かったと思う。しかし彼は全くそんなことは関係なく、強いが実に静かな酒だった。

彼が支店長時代の十二月だったと思う。秩父セメントの招待で秩父の夜祭りを見に行った。何という名か忘れたが、支店長達で古い旅館に泊まって、ものすごいおばあさんの芸者さんの接待を受け、歩いて夜祭りを見に行き一夜を過ごした。

翌日、児玉さんと二人で池袋に着き駅からタクシーに乗った時異変が起きた。少したって運転手さんが振り向いて、「一体どこへ行くんですか」と聞いた。私は慌てて「大手町」と言って児玉さんを見た。児玉さんは両手で頬を叩いたりしていてしばらくたってようやく声が聞こえ始めた。本人は「大手町」と三〜四回言ったという。しかし何も聞こえない。「何だか変だな」と児玉さんが言うので「どうしたの」と言うと、「時々あるんだよ」という返事。大手町に着くと、いつものように淡々と「じゃあねぇ、また」と言って車を降りて行った。今でも鮮やかに目に残っている別れ方だった。好漢すでになく鎮魂の思い切なるものがある。

九、営業部長、常務時代

諸井虔さんとの出会い　昭和五十七年（一九八二年）一月、私はセメント営業部長にかわることになった。伊藤公之部長が常務に昇格された後の部長だった。部長に着任して私は特に緊張もしなかったが、生コン、セメントの政策のあり方を改めて考えてみることになるな、と予感みたいなものを持っていた。

着任当時の業界の状況は、五十四年の第二次石油ショックで燃料の高騰が続いたことに対応して第一次、第二次と値上げを行ってきて、第三次の段階で値上げに失敗し値下がりしている時期であった。これは生コン業界の共販が名古屋、広島など一部の地域を除いて行き詰まり混乱し始めたことが背景にあった。

同時に海外の輸出については、東西間というか、スペイン、ギリシャなど西欧のメーカーと、日本、韓国、台湾などアジアのメーカーの間で、スエズ運河を中心としたサウジアラビア、クウェートなどの地域での競争がきわめて激しくなり始めた時でもあった。

営業部長になって間もない五十七年三月、セメント十四社が公正取引委員会の立ち入り調査を受ける事態が起こった。その日私は江東区豊洲の本社にいた。立ち入り調査などとなると、笑うに笑えない悲喜劇が起こる。ある営業部の管理職の社員が、調査員が書類を持ち帰るというので確認を求められた。見ると本人の昇格試験のため会社に提出する予定のレポートだった。了解を求められると本人は大変困った顔になって、出してもいいですがちょっと待ってくれと言う。ところが当人は誤字がないか、文章としておかしいところはないかチェックするので時間がかかるし、調査の人からは早く出してくれと言われるしで、大変困った。今でもあのときの彼の顔を思い出すと笑うに笑えぬ思いがする。

その直後の四月、大島社長がセメント協会会長に就任される。同時に伊藤常務が協会の流通委員長となり、私はその下で業界の仕事に関わっていくことになる。公正取引委員会の調査は第三次値上げに際してセメント業界がヤミカルテルを結んだという容疑だった。この問題への対応が最初の仕事だった。この問題は結局、五十八年五月に十四社が排除勧告を応諾し十二億円余の課徴金を支払うことで落着した。

さて、これからの話を進めていくにあたって諸井虔さんとの出会いとその後を書いておくべきだと思う。私は営業部長になって以降今日まで、諸井さんの指導を受けており、彼（あえて彼と呼ばせていただく）を抜きにして私のこれからは語れないと思っている。

諸井さんと出会ってから二十年近くになるが、その始まりは私の営業部長時代だった。諸井さんは当時秩父セメントの社長で、セメント業界ではもちろん、すでに財界人としても有名だったが、私にとっては直接的なお付き合いはなかった。

恐らく、私のことについては、秩父セメントの営業部を通じて決して良い情報はあがっていなかったと思う。前にも書いた通り、セメント業界は不思議なところで、本人の思いとは関係なしにその人の評価が定まる。例えば大島さんが好きな言葉で、「自分の城は自分で守れ」というのを、大島さんが言ってもそれほど抵抗がないのに、私が言うと途端に「あいつはまた、協調を乱す気か」ということになる。これは私の不徳のいたすところだとは思うが、私の内心の思いとは別のことになる。というと言い過ぎかもしれないが。

そんな立場の私だったが、銀座のとある小さな店でたまたま一緒になって、話をする機会にめぐまれた。私にとって諸井さんの印象ははっきりと覚えていないが、ただ、彼とのやりとりはきわめてすっと入ってきた覚えがある。当時協会長が大島さんだったこともあって、彼と私とはセメント業界のあり方や生コン問題と、政策論を中心によく議論し合う仲となった。

彼は何よりセンスが良いし、問題の本質をつかむのが早い人だった。そして、はっきりと意見を言ってくれる。しかも明るく、いやな感じは全くなかった。その論議のなかで、セメント産業の将来について、業界自体の構造改革、再編はいずれ避けて通れないという認識で基本的に一致した。

業界全体としても大島さん、諸井さん達の主張もあって、セメントの構造的な問題の検討が必要だという方向が打ち出されることとなった。こうして五十七年十月セメント協会の中に構造問題研究会が設置された。

五グループ編成　構造問題研究会の座長は大島健司協会長がつとめ、私はその事務局長の役割を担うことになった。同時に広報委員会が新設され諸井虔さんが委員長に就任された。

話は変わるようだが、この時期から常務になり社長になるまでには三年の期間しかなかった。五十八年六月に常務になり、六十年に社長になったのでその間の仕事はまさに目まぐるしいほど忙しく、毎日追いまくられて過ごした思いがする。したがって、部長だの常務だのといったポストに関係なくその間の仕事は進んだので、事態の進行に沿って話を進めていきたいと思う。

協会の構造問題研究会は、五十八年二月に中間報告をまとめた。その要旨は「セメント業界自体が構造的不況に直面しており、根本的な対策が必要」ということだった。この答申に基づき、まず不況カルテルを申請し、続いて過剰設備の廃棄とグループ化による構造改善に進むという方向が定まった。不況カルテルは八月から十二月末まで実施され、同時に、五月に施行された特定産業構造改善臨時措置法（産構法）の業種指定の準備とグループの編成を進めるための検討作業が始まった。

その検討作業を進めるため九月に構造改善準備委員会が設置され、六月に常務になってセメント協会流通委員長になった私が、その委員長を兼務することとなった。伊藤公之さんは常務を退任され東海運の社長へと転出された。伊藤さんは私に思うように仕事をさせてくれたし、私の意見を実によく聞いてくれた。特に伊藤さんは「分かった」と言ったら、必ずやってくれる人だった。伊藤さんとのチームワークは私にとって何よりありがたいものだった。

業界は変革期にあり政策論議と具体的な対応の仕事ばかりだったので、常務になって特別の感慨はなかった。ただ、これは具体策を出し業界の一致を得て実行していくという困難な仕事の始まりだった。

設備廃棄の論議は比較的順調に進んだ。これは各社とも経験もあり、ある程度の利害を越えればうまくいく性格の問題だった。しかし、グループ化と共同事業会社をつくることについては基本的には一致していたが、その政策の中味、特に将来のセメント産業のあり方については大きな温度差があった、諸井さんや私は将来の合併や業務提携も視野に入れ、再編の始まりという考え方だったが、一方でそれでは各社の利害および体力格差に不公平が生ずるのではないかという考え方や、シェア争いを止めるために販売会社の数を減らすのが目的という緊急避難に近い考え方もあった。

その点はグループ化を進めるに当たって相談した公正取引委員会とも同じ論議が交わ

された。たしか当時二十二社十六ブランドだったと記憶しているが、数が多すぎることが過当競争の一因だからといって、五グループにするというのはおかしい。ここは経済性と各社の経営の実態、歴史を踏まえて必然性をもったグループ化を考えるべきではないかということだった。グループに入らないところもあっていいし、七〜八グループぐらいが妥当ではないか。基本的にはグループ間の競争が保証されなければならないということだった。

こうした議論の過程で業界の意見は、五グループで各グループのシェアは二〇％均等、どこかが突出した力を持つのはまずい、という考え方が支配的となった。その結果、秩父セメントと小野田セメントでグループを編成することは不可能となった。今考えてみると、何とまあ妙なグループ化をやったものだという見方もあると思うのだが、当時は五グループにして秩序ある競争を進めることは、現状よりはベターだという考え方だった。しかしこの編成では合理性を無視した人為的なものにならざるを得ない。

グループ編成はなかなかまとまらず、色々な組み合わせが出てきて、それに交換出荷による利害もからんで、私も初めての経験で往生した。色々な案を持って行くたびに、ある社長から「見合い写真をそうあちこち持ち歩くな」と言って叱られることもあった。

それでも十二月末には何とかまとまった。それは主要な会社の間で内定したもので、その時点ではまだ、全社には示していなかった。ところが五十九年一月元日の日本経済新聞が第一面で、五グループ化の内容をスッパ抜いてしまう。これには慌てふためいた。正月早々、大島社長（協会長）と一緒に各社に謝って歩くことになった。そこは大島さんのいいところで、頭を下げるとどの社長さんも納得してくれた。私が頭を下げただけではダメだったかもしれない。

こうして五十九年一月二十日に五グループの編成が正式に決まり、産構法の指定などの手続きを経て五つの共同事業会社が九月からスタートした。小野田セメントは日立セメント、新日鐵化学、東ソー、三井鉱山とともに中央セメントを設立、私が社長になった。秩父セメントは宇部興産などとユニオンセメントをつくり、諸井さんは会長に就任した。日本セメントは大阪セメントなどと大日本セメント、住友セメントは麻生セメント、電気化学工業などとアンデスセメント、三菱鉱業セメントは徳山曹達と不二セメント、という編成だった。

ツイタテ共販　この共同事業会社は、後に自嘲を込めてツイタテ共販と言われたように、形式は五グループだったがその中は全く別会社だった。後にこの共同事業会社が解散した時、いとも簡単に分解され、それぞれの会社に社員が戻ることになったということが、何よりもそれを証明している。

その原因の一つは人事権にある。人事権は共同会社に全く移管されなかった。そのため社員はそれぞれの会社の方針を見て、またそれぞれの上司の考え方を尊重して動くことになるし、その結果は組織自体が第一部、第二部、第三部と会社別の営業部を作ることとなった。人事権に象徴されるように、各社はここに命をあずけようとの意思がなかったともいえる。

しかし一方では、セメント産業の構造上の問題の提起をきっかけに、十年後の再編成へと進む思想的な母体となったことは評価出来るかもしれない。セメント業界もそうであったが、当時の日本企業の常識として、再編成ということよりそれぞれの企業の独立とそれに基づく企業利益が優先する環境のなかでは、まだそこまで進むと考える人は少なかったのも事実である。

一方、五グループ化と同時に設備廃棄を実施したが、大部分が遊休キルンであり、実際の効果は残念ながら全くないという状況だった。セメント業界の考え方には設備能力イコールシェアという思想が従来から牢固としてあった。従って乱暴な言い方をすれば動こうと動くまいとキルンがあれば能力と考え、キルンさえあればシェアと考えるということになっていたのかもしれない。

高度成長時代のように右肩上がりに需要が増加している時ならばそれでもよかったと思うが、需要の停滞期に入るとこの考え方ではシェアの見方、とらえ方に公平、不公平が生ずる。従って設備廃棄ということになると、当然、実際とシェアのかい離が問題になる。

従ってこの時も遊休キルンの処理が多くなった。ただ、設備廃棄について共同事業会社内でお互いに助けあって実施したのは前進であったと言える。私の会社も日立セメントさんの応援で実施できたことに、今も感謝している。

昭和五十七年から六十年に至る時期は今述べたように共同事業会社の立ち上げなど誠に忙しい毎日だった。一方、生コン業界でも再び多くの問題が生じ始めていた。

東京の生コン協組は五十二年の共販開始から二、三年くらいはうまくいき、市況が上がっていった。しかし、価格が上がって利益が出るようになると経営者のエゴが頭をもたげ、共販のルール破りが横行してきた。セメントメーカーのシェア志向もあって工場の新増設が増えてきた。このため、共販が機能しなくなり、五十八、五十九年には市況が一立米一万円を割り込む事態となった。

この問題もあって、まず川上の整理が必要という認識からセメント業界の構造改善に取り組むことになったが、その準備と並行して、東京の生コン市況立て直しに力を入れることになる。セメント協会長は五十九年四月に大島社長から三菱鉱業セメントの小林久明社長に代わっており、私は流通委員長を辞めていたが、東京担当の流通委員として、この問題に引き続き関わった。

当時の東京地区の協組や卸協組の幹部と相談し、五月から生コン協組の直販、続いて九月から卸共販という路線が決まった。ゼネコンの了解を何とか取りつけて予定通り実施に入った。しかし、一時的に価格は上がったものの、卸共販はすぐに崩壊してしまった。アウトサイダーの出荷量が増えてしまったからだった。以後六十年にかけて、アウトサイダーを協組に加入させる説得を続け、その年の九月に共販再開となる。

振り返ってみると、東京支店長になって以来、全く同じことの繰り返しをやっていたとつくづく思う。そもそも、自由競争の世の中で、それぞれの会社が企業努力を行って拡大する志向を持つのは当然といえる。それを人為的に抑制するのは難しい。しかし一方で、量が増えないなかで価格競争をすれば共倒れになる。だから協組共販を実施するなら、株式会社のように一つになり、アウトサイダーに負けない競争力を持つ必要がある。その辺が中途半端であったから、問題が繰り返すことになる。

もう一つ、輸出問題でも苦しんだ。当時、西欧、特にスペインとギリシャが大きな輸出国になっており、中近東に進出。一方、当社や宇部興産、双竜セメントなども中近東に輸出していた。この市場をめぐって東西の輸出メーカーが激突した。また、シンガポールにはサイロ船（船そのものがセメントサイロという構造で世界中どこへでも移動できる）を持ったブローカーが進出し、激しい競争となった。国内問題への対応の合間をぬって欧州などに何度か出張し、色々なやり取りをしたのを覚えている。

一方でこのころから、韓国、台湾からの輸入が始まり、徐々に増えてきた。五十九年五月にはセメント協会が輸出入対策特別委員会を設置、大島社長が委員長になった。輸入問題をめぐる動きは、私が社長になってから具体化することになる。

生コン協組のあり方　常務時代の総括になるのかもしれないが、小野田セメントの社長になってから海外投資を進めていったとき、海外と日本との対比で大きく違っている点があることが分かった。

それは生コンの協同組合問題である。米国のカリフォルニア・ポルトランド・セメント（ＣＰＣ）の事業や、シアトルにおける生コン事業を進めていくにあたって、こうした共販事業があるかどうか調べたことがある。これは米国の場合は全く考えられないし、独禁法に抵触する。このことは世界中でも日本だけの最も特徴的なことではないかと思われる。

日本の場合、生コンが地域産業であり、なおかつ経営規模が小さいということもあって、中小企業の保護育成の観点から協同組合法による共販が認められている。この制度は日本独特の制度ではないかと思われる。これに似た制度は外国では見当たらない。

ただ、この制度は日本の今の生コン業界の実態からして必要だと思う。問題は生コン会社もセメント会社もこの価値を正当に評価し、活用しようとしているかということである。海外の考え方は常に自由競争で貫かれている。従ってこうした共販事業の存在そのものを認めていない。しかし、少なくとも日本の現状では、この共販制度があることの意義をもっと見直すべきではないかと思う。

過去の経験から考えてみると、昭和五十二年以降の共販制度の流れの中で、成功、混乱、崩壊……が地域ごとに繰り返されてきているし、現状では共販らしい共販を実施している協同組合が少なくなっている。その原因は色々あると思うが、基本的には自由競争経済下における生コンの協同組合のあり方の問題ではないかという気がする。

日本の共販の方向は地域独占を狙うことにある。地域独占によってはじめて適正価格の達成が可能になる。本来の生コンの地域産業としての性格からみれば当然の方向ではあるが、実際はこの体制を進めると、自由競争社会である以上、新規参入を含めたアウトサイダーとの競争が必然的に起きる。これは投資額が比較的少ないということに原因がある。

新規参入の要因は色々あるが、セメントのシェア争いをはじめ、価格上昇に伴って利益獲得の目的での新増設といったものがあげられる。これを防ぐためにセメントの供給停止等の手段がよく言われたが、独禁法違反は明確であり、本質的な対策にはなりえない。あくまで協同組合として競争に勝てる体制がなければ共販存続は難しい。競争に耐えられる共販体制とはやはり「株式会社的協同組合」でなければならないのではないか。

現在の共販事業はあくまで個々の会社の集合体であって、それぞれの会社自体が利益を追求していくことになるが、共販事業自体はそれぞれの利害を越えていかねばならない。不幸にして需給バランスが崩れる事態になってくると、生コンの場合、売り値の維持か数量か、いずれに重点を置いて経営を進めるのか、それぞれの経営者の判断が分かれることになる。

しかし基本的には、それぞれの地域の需要の現状と見通しにもよるが、価格を優先させるべきだと思う。価格は一度下落を始めると歯止めをなくす。アウトサイダーは必ずと言ってよいほど協同組合の価格より千円とか安く仕切って数量を確保しようとする。これに対抗する競争力とは何かということを考えてみる必要がある。

共販事業が長く続いて価格を維持している協同組合が新規参入で崩壊した例を見てい

くと、その原因は明らかになっていくような気がする。その場合、単なるセメントメーカー責任論ではなく、逆に何が協組共販を成功させているのかという観点で見ていくとよく分かる。私はその観点から、自由競争下における協同組合活動のあり方を、株式会社との対比で検討するべきではないかと思う。もっと具体的に実名をあげ、体験の中から言うべきかもしれないが……。

ともあれ、この制度を今後どううまく運営し、それぞれの会社の経営の安定に結び付けていくのか。それは今までのように「誰が悪い論」でやりあっても不毛の論議でしかないと思うが、どんなものだろうか。

十、社長に就任

「二、三年後に社長」　昭和六十年（一九八五年）の三月末ごろだったと思う。日本経済新聞の記者が自宅にやってきて次のような話と質問をしてきた。「大島社長が会長になるらしいですね」。私は「へぇー、知らないな」。「ところであとは誰だと思います?」と聞かれ、「さあ誰だろう。分からないな」。彼はあの人ですかね、この人ですかねとカマをかけてくる。私もあたりさわりのない話をしていたが、「何で僕にそんなことを聞くの」と聞き返すと、「あなたは常務の末席だからあり得ないし、だから安心して聞くんですよ」と言う。私も「それもそうだな」と言って雑談して帰ってもらった。

五十八年に常務になってセメント協会流通委員長を務め、大島社長が協会長だった関係から、業界の仕事や営業関係の仕事で大島さんとご一緒することが多くなっていた。ところがある時から、人の接待や販売店会の集まりなど社長が出て挨拶したりすることになっている会合の直前になると、足が痛いとか何とか理由をつけて休まれる。結局私が代行することが増えた。大島さんは大戦中にビルマで負傷されていたし、痛風も持っておられたので、事実足も痛かったのだろうが、明日ゴルフとなると、秘書が「常務、明日は用意しておいた方がいいですよ」と言うくらい、雨がポツリと一滴降っても欠席され、私が代わりに行くことが多かった。

また、ある時などパーティーにご自分が出席していて挨拶の予定になっているのに、「お前が代わりにやれ」。私が主催者に失礼だからと言っても、「いいからやりなさい」と言われる始末だった。私は大いに不満だったが、だんだん慣れてきて、社長の予定を聞いて準備をしておくようになっていった。

余談だが、三井グループの社長・会長の集まりに二木会というのがある。その中に大正の兎年生まれの人が六人おられて三兎会というのをつくっておられた。私は昭和生まれの兎だから駄目だったが、坪井東さん（元三井不動産会長、故人）、八尋俊邦さん（三井物産相談役）を始めそうそうたるメンバーだった。この方たちが折々各社の施設見学を行っておられた。ある時大島さんが私どもの子会社の屋久島電工を見ようと言われて、皆さんで行くことになった。羽田空港に集合し現地に向かう予定が決まった。

さて当日、羽田空港から電話で「大島君が来ないぞ」と言うので騒ぎになった。大島さんに言わせると、足が痛くなって帰っちゃったということである。とりあえず急場をとりつくろって、皆さんには屋久島に行っていただいたが、あとは私がやらされた。その後皆さんに会うたびに文句を言われる。私は謝るのみだった。

不思議なもので、人徳というのか、誰も大島さんに文句を言わない。本人もニコニコケロリである。私もばかばかしくなって、こんなものかなと思うことがあった。事ほど左様で、私も馴れっこになって、またいつものことだ、くらいにしか考えないようになった。

五十九年の秋のことだった。大島社長と何かの打ち合わせをして終わったあとの雑談の中で、ポロっと言われた。それは「社長をやってみる気があるか」という言い方だった。私はびっくりしたが、考えてみると先輩の役員の方も多かったので、その時は「やれと言われればやってみたい仕事です」と軽く答え、あまり深刻には考えなかった。

六十年四月、日経の記者が来たあと、何日だったか覚えていないが、二人で雑談をしていて「社長をやってみないか」と言われた。この時はさすがに私も真面目に考えた。

私は「決定すればやりたいと思います」と答えた。大島社長は「君の上に偉い人がいっぱいいるからすぐにというわけにはいかない。誰かに二〜三年やらせてそのあとだ。そのつもりでいるように」と言われた。それもそうだなと思ったし、二〜三年先はどうなるか分からないと思って、「とにかく仕事は真剣にやります」と答えた。

その時大島さんは迷っておられたと私は思う。それから一週間か十日たって大島社長は大阪へ出張された。当時大阪商工会議所の会頭だった古川進さん（大和銀行会長）が友人だったらしく、その方に相談された。帰ってきて社長は、「中間に人を入れてはいかん。そういうことをすると、あとで会社が混乱するもとになると言われた」と私に言われる。社長のお話では、実は古川さんはそういう経験をされた方だったようだ。こうもあけすけに話を聞かされると、私は誠に困ってしまう。ただ、こういう風に話を聞かされて、私は大変うれしかったし感激もした。

大島社長は決断され、「六月から君にやってもらう。いいな」と言われた。私は「お引き受けいたします」と答えた。ところが、これで本決まりではなかった。「五月の連休中に安藤さん（相談役）に会って相談する。相談役が反対されたら難しいぞ」と言う

社長に就任、大島健司会長と

のである。何かよく分からないが宙ぶらりんな気持ちだった。
連休をハワイで過ごし帰って来ると、今度は呼ばれて「決めたからな。いいな」と言われた。私は「分かりました」とだけ答えたが、その年のセメント需要は六千八百万トンまで落ち込んでいたし、大変な責任を負ったなと思った。ただ、特別な緊張感はなかった。こうもオープンにされてきたので、それまでに十分に考える時間があったからかもしれない。
その直後に秘書室長の蟻川昭二郎さんがきて、社長から「十日過ぎに発表するように。ただし、ある一社にだけリークしたまえ」と言われて困っているという。社長がその新聞の記者を好んでいるのは私も知っていたが、それはまずいと思って言いに行ったが聞いてくれない。私は独断で蟻川さんに言って、日経に同時に流すように手配させた。あとで怒られるかと思ったが、お叱りはなかった。五月末の役員会で大島さんが会長に、私が社長になることが内定した。

六月末の株主総会後の役員会で承認され、社長に就任した。五十八歳の時だった。すでに述べた三井グループの二木会で挨拶をした。当時の三井銀行の小山五郎相談役から「とうとう三井グループの社長にも昭和生まれが誕生したか」と言われた。

小野田セメントは当時、本社所在地の小野田市で総会を行っていたが、そのタイミングに合わせて、当時進行していた設備廃棄で小野田工場のセメント製造停止と関連製品への転換を発表した。ところが、それが地方紙に報道され問題となった。社長就任の挨拶に平井龍山口県知事のところへ参上した折、やんわりと、かつ、きっちりと「こういう重大なことは知事に予め相談すべきだ」と勧告された。私も誠にごもっともと思ってお詫びをした。就任当日からこんなことがあったのを覚えている。

さて、社長になった昭和六十年から現在まで十六年の月日が経ってしまった。その間に私なりにどんなことをやってきたのか、主要な項目を整理したうえで、その中の思い出を順不同で書いてみたいと思う。

社長就任の直前に私の父が倒れた。すでに年金生活に入っていた父だったが、その後病状が悪化し、私が社長として事業場回りをして高松支店にいる時に亡くなった。残念ながら死に目に会えなかった。葬儀にあたっては社員、販売店の皆さんには大変よくしていただいた。

父には随分迷惑をかけた。特に学生時代に学生運動をしていた時には、父は随分心配したのではないかと思う。何か申し訳ない気持ちで一杯だった。父は結局、一言も戦争中のことは言わずに死んでいった。八十六歳だった。

私が社長になったときの環境は大変厳しい状況にあった。セメントの需要は五十四年八千三百万トンから減少が続き、六十年には六千八百万トンに落ち込んでおり、市況も五十六年をピークに急速に下がって、各社とも事実上経常赤字の状態であった。厳しい状況の中にあって当面の利益確保が課題となった。当然、セメント部門のコスト削減が必要となり、物流の更なる合理化、生産構造対策、要員計画の見直しに着手した。

重厚長大産業の復権を主張　損益改善対策の議論の中で先行きの需要について悲観的な見通しが強く出され、生産構造に触れることとなった。特に輸出については価格の低落が激しくてセメントの限界利益ギリギリまで落ち込んでいた。会社によっては輸出撤退の動きも出る状況だった。当社も輸出量の削減は当然の課題となっていた。コストの安い工場に生産を集中し、国内向け出荷に集中する方が有利だった。それはいわば縮小再生産への道をたどることとなる。私はこの縮小再生産には企業のあり方として疑問をもっていた。

当時すでに、重厚長大産業からの撤退を含めた産業構造の転換が論議に上っていたし、産業の空洞化の危険性が指摘され始めていたが、当時の自分が話したものを改めて読んでみると、私の思想は明らかにこれに抵抗している。その最大の理由は日本経済がそんなヤワな状況にないという認識があり、そこに原点を置いた私なりの主張だった。だから、私はどちらかというと、重厚長大の復権という言葉を好んで使ったようだった。経営企画部の案を基本的にはとりたくなかったので、個別問題として、輸出についても、限界利益のある限り続けるという考え方を貫いた。

昭和六十年は社長になって緊急の損益対策を実施しつつ年を越した。六十一年の三月、政府は補正予算でたしか一兆三千億円の緊急経済対策を発表した。これがセメント産業にとっても業績回復のきっかけとなったといえる。当時の状況を現在の状況と比較してみると、多くの点で基本的な経済与件に差が見られる。いくつかの点を列挙してみると次のようになる。

第一に、緊急経済対策が極めて明確に実需の拡大につながった。今日のような公共投資削減論はなく、また日本の社会資本の蓄積は十分ではなかったし、現在のように公共投資を注ぎ込んでも注ぎ込んでも我が暮らし楽にならざりき、みたいな状況ではなかった。

第二に、土地の価格は上昇傾向にあったし、おまけにビルの需要も潜在的に強かった。当然、土地は設備投資等の資金源となった。

第三に、金融機関の状況は今日と違い誠に健全な状態にあったし、景気回復において重要な役割を果たした。少なくとも、バブル時代の金融機関と本質的なあり方において異なっていた。現在は金融機関そのものが構造的な変化の過程にあるし、景気の回復においても主要な役割を果たせなくなっている。

要するにその当時は、日本経済そのものが回復基調にあったところに政府の公共投資が行われ、景気回復の動きが加速したといえる。景気上昇につれて重厚長大産業の将来問題はいつの間にか消えていった。ただ、今日の産業構造転換の問題は実はその当時から日本経済の抱える基本的な問題だったのかもしれない。

私が小野田セメントの社長時代に実行した政策は、個別に取りあげれば実に数は多いと思うが、今思いつくままにその具体的なものをあげてみると次のようになる。

多角化部門で様々な新規事業の立ち上げ。不動産では品川ONビル、豊洲ONビルの建設。

研究開発部門では佐倉研究所の建設と移転。エコセメントの研究開発と田原工場での実証運転。関連事業部門では関連製品事業の分社化・株式会社小野田の設立。

生産部門では北九州小野田、三河小野田、小野田開発の分離独立とTPM運動の推進・確立。本社部門では豊洲から東陽町ビルへの移転。

海外事業部門では、米国のローンスター・ノースウエストの買収と子会社化、カリフォルニア・ポルトランド・セメント（ＣＰＣ）の買収と完全子会社化。中国では大連小野田水泥有限公司の設立と大連工場の建設、江南小野田水泥有限公司の設立と南京工場の建設、深圳、上海、台湾のターミナル設立。インドネシアのチラチャップ工場の売却。業界ではセメント協会会長を務めた。

そして最後に秩父セメントと小野田セメントの合併、ということになる。これからそれぞれについて記憶を辿りながら書いていこうと思う。

新規事業で高い授業料　セメント産業の将来を考えて新規事業を立ち上げ、これによって新たな収益源を創出して経営の安定化を図る考え方は、当時の素材産業に共通したものだったといえる。問題はそうした発想を持つ人材をどう確保し、どう養成するかにあった。残念ながら日本のセメント産業の中で成長してきた我々には、そうした新しい発想を創り出す人が必ずしも多くは育っていなかった。私の経歴の中でもそうだが、すべてセメントに生き、セメントを通しての価値判断のやり方が、長年にわたる生活の中で染みついてしまっていた。

私も比較的新しいもの好きだったが、安藤豊禄さん、大島健司さんの好奇心の強さは相当なものだった。何とか社内の衆知を結集して考えたいと思って、大島会長と相談して提案の社内公募を行い、一方そういうアイデアを出せるチームも作ってみた。それはかなり多方面にわたった。例えばドリンク剤、入浴剤、ブックセンター等であったし、それと並行して粉体塗装、電子事業、セラミックスの事業も進めてみた。今日振り返ってみると、粉体塗装を除いてその事業化はほとんど成功していない。ある程度進んだ粉体塗装を始めとするいくつかの事業も他社に売却したりして今はほとんど残っていない。

色々な意味で私は高い授業料を払う結果になったと思っている。その原因は多々あるが、私自身がこういう新規事業を進めていくのに最も適性のない経営者だったのではないだろうかと反省している。好奇心だけで、これは珍しい、何かものになりそうだということだけでは駄目だ。それよりもそれを取り巻く色々な状況を自分の眼で見、かつ調べてみることが必要なのだろう。

調査報告とか市場調査とか色々データは報告されるが、それを自分の眼で確かめるというか、調べてみるというか、そうした努力が必要だったとつくづく思う。我々は長年セメントに携わってきた経験が骨のずいまで染み透っていて、セメントに関連することならば「ああこれは駄目だ、これは良い」と感覚的に反応するが、他の分野となるとその感覚は鈍ってしまう。やはりそれなりに勉強が必要だし、さらに情熱を蓄積してはじめて経営判断が可能になる。そして調査も漠然としたものでは駄目で、単なる関連データの収集程度では全く無意味といえる。

第二に、安藤さんや大島さんを見ていてつくづく思うのだが、他業種の人々との付き合いが実に広かった。我々はえてして日常業務の中に埋没し、そういう努力を忘れる。その結果、日々の人々との交流は自らの仕事の範囲に限り、あるいは馴れた人々との交流が多くなりがちだ。その方が自分自身も楽だからだ。そうなると人間だから楽な方へ楽な方へと行き勝ちになり、自分の持っている知識、情報も限定される。それで仕事が流れている場合はよいが、いったん変化が生じ始めるとそうはいかない。

私は大学を出て、藤原、大船渡工場で十三年間暮らした。そのことは私は仕事だと思うし何の悔いもない。現在の私自身を作ってくれたと思うので有難いと思っているが、その時に私自身もっとやることがあったのではないかとつくづく思っている。色々経験したものの蓄積の中で、私は経営者として勘を十分磨いてこなかったのではないかと思っている。

ただ、私は新規事業というより小野田社内の関連製品部門の分離独立を思い切って実行した。株式会社小野田（現太平洋マテリアル）がそれである。この部門は大島さんが中心となって作られた部門だったが、最大の欠点は大企業病だと私は思った。損をしても利益を出しても埋没する。また、費用負担についても内部議論に終始する。セメント以外の部門に移ることは左遷とみなされる。

そこで社外に出すことによって、意思決定を含めてもっと機能的な企業に転換させることが必要と考えた。また、理屈でなく行動で営業の結果を出すこと、それを明確に業績に反映させることを求めた。企業単位が小さくなればなるほど、社長の能力は発揮される。初代の玉川嘉夫さんから土本暁さん、荒木敏彦さんとよい社長を得た。特に土本さんの功労は極めて大きく、良い企業に育ててくれたと改めて感謝している。

新規事業は信念と情熱が必要　新規事業の取り組みに関連して、今でも思い出すのは読売新聞社の務台光雄会長との出会いである。当時、読売新聞社は三多摩地区での印刷工場建設の計画があった。ある時、清水建設を通して当社の関係会社であるオリエンタル建設の多摩工場（府中市）の用地を譲って欲しいという申し入れがあった。当時、オリ建は群馬県の工場に集約化する計画が進んでいた。当時の社長は原田武雄さんだったが、私が両方の間に立ってこの話をまとめた。

私が驚いたのは務台さんのこの問題に賭ける情熱のすさまじさだった。話を進めるなかで何度もお会いしたが、実によく調べておられる。その土地周辺の交通事情から住民の状況に至るまで克明に調べておられる。現場を自分で歩かなければ到底分からないことまで知っておられた。のちに分かったことだが、一〜二回ではない、何回も納得のいくまで回っておられたそうである。

オリ建の原田社長もそのことに大変感銘を受けられたようだが、私も同じ思いであった。恐らく、務台さんの頭の中には完全な青写真が出来上がっていたのだろう。現在の渡辺恒雄社長が当時副社長で間に立って下さったが、私は務台さんの情熱と気概は実にすごいと感じた。自分もその十分の一でも努力できればとつくづく思った。

ここで務台さんのことをあえて書こうとしたのは、務台さん自身の事業にかける情熱もさることながら、新規事業を手がけていく時の我々の姿勢のあり方の問題である。企業には色々な情報やアイデアが持ち込まれるし、またその探索は可能だと思う。それなりの人を得れば事業化も一応は出来る。問題はこれを取り上げる時の会社の姿勢だろうと思う。

これは将来、絶対にものになると思って提案しても、日本の会社の機構はオールドインダストリーであるほどしっかり出来ているので、いくつかの関門を通過して行くこととなる。スキヤキだって皆がつつけば、当初の味とは変わってしまう。その結果やろうということになっても、チーム編成において下手をすると、直接の当事者ではないものが年功的に選ばれる。選ばれた人こそ迷惑で、何の発想もないから、あわてて市場調査等表面的な調査をやってレポートする。プロジェクトは動き出すが、結果は見えている。それは情熱の問題でもある。

平成十三年、太平洋セメントとして千葉県市原市にエコセメントの工場を建設し、二月二十六日に火入れをして四月から営業運転を始めた。投資額からいっても決して軽い負担ではないが、何とか成功させることが県や市の環境事業の推進のためにも必要だと思っている。そのために河浦正樹常務や安斉達男市原エコセメント社長の努力が期待されている。

問題はエコセメントの開発を提案した時、社内は消極的だったことである。特に研究所は全く消極的だった。不幸なことだが、外部に発表する論文の中でもエコセメントに否定的であった。今日その論文の中で指摘された問題は技術的に解消の方向に向かっている。

そういう状況のなかで谷口正次専務を中心とした環境問題に対する熱意が田原工場での実験を成功させ、今日につなげることが出来た。それはこの研究開発にかける信念と情熱以外の何ものでもない。

今、産業構造の転換のなかで多くのベンチャー企業のことがもてはやされているが、それは下手をすると、言葉通りのまさに軽薄短小のブームになる危険性をはらんでいる。それを破るのはあくなき情熱と不退転の信念しかないと思っている。その意味でも当時の新規事業への取り組みのあり方があらためて問われる気がする。

不動産事業とセメント合理化対策　不動産事業に乗り出したのも昭和六十一年ごろか

らである。小野田セメントは戦後、安藤豊禄さんの時代に多くの土地を手に入れた。それは生コン工場やサービス・ステーション用地として手当てしたものだった。その土地を有効に活用する方針であったが、私の社長就任当時も議論は行われていたものの、まだ実行までには話が進んでいなかった。

私は北品川の小野田レミコン工場跡地に森ビルと共同で品川ＯＮビル（二十階建て）を、また、江東区豊洲の本社の跡地に三井不動産と共同で豊洲ＯＮビル（二十六階建て）を建設する計画を決めた。当社の単独事業でという声も多かったが、私は大島健司会長と相談して専門業者との提携が良いと判断した。それは不動産事業の経験のないものがテナント募集やビルの管理に乗り出しても効率的ではないと判断したからである。

当時は景気の上昇期にあって、ビルの需要もきわめて旺盛であった。私にとって幸運だったのは、両方のビルともバブル崩壊以前に完成し、テナントとしてソニーさん、日本ユニシスさんが入ってくれたことだった。特に豊洲ＯＮビルはぎりぎりのところで間に合った。もし完成が一年か一年半遅れていたらもっと苦労したことだろうと、今でもそう思っている。不動産事業は幸い順調に拡大し、当時の小野田セメントの利益に貢献する事業となってくれた。

もっとも、これが本当に不動産事業といえるかどうか、私にはよく分からないが、よく考えてみると、私の力でも何でもない。戦後安藤さんが社長時代に積極的に購入された土地を有効に活用することになっただけで、私はその実行について決定の役割を果たしたに過ぎない。結局は安藤さんの遺産を喰いつぶしたのかなと思う次第である。ただ、その間に専門職が育ち始めたのも事実である。

今は時代が変わったとつくづく思うのは、昔は土地を持つことが経営的にも大きな意味があったが、今日は土地持ちの優良会社などというのはもはや、はやらなくなっている。事業に必要なら買えばいいし、それでなければ成り立たないような事業は本当に永続的な発展の価値があるのかどうか、検討しなければいけない時代でもある。また同時に、今や日本のセメント産業に限っていえば、新しい工場等を建設する必要性もないし、環境的にも不可能な時代に入っている。その意味からはセメント産業における土地神話は崩れ去ったと言っていいと思う。

社長就任直後から多角化事業の推進の一方で、セメント事業の合理化に力を入れた。

生産体制については、大島社長の時代に意思決定していた小野田工場のセメント製造中止を六十一年三月末に実施したのに続いて、同年十二月に生産構造対策の基本方針を決定。翌年には田原、北九州両工場を分社化した。これにより、名実ともに津久見、藤原、大船渡の三工場集中体制を確立し、それぞれＤＣＳ化やＴＰＭの導入などを進めていった。

営業部門は共同事業会社の中央セメントに移管されていて、ここでも交換出荷などによる合理化を図る一方、独自でも対策チームをつくり、輸送、流通、生コンの合理化を進めた。このほか、資材業務や管理部門の合理化などあらゆる部門でコスト削減を図っていった。この結果、セメント需要が回復してきたこともあって、業績は急速に改善していった。

余談になるようだが、小野田セメントの社長は戦後、安藤さんが公職追放による河内通祐社長の退任のあとを受け就任、森清治社長は安藤社長の退任のあとを受けられたが、病気のため松本幸市社長に交代、松本さんの社長室での急逝のあと大島さんが就任ということで、会社の歴史と共にというより不幸な社長交代が多かったと言える。その状況を振り返ってみると、それぞれの時代に会社の発展のために大変苦労しておられるし、その一例が松本さんの場合の心労による突然の不幸だったと私は今も思っている。

会社の診療所に遠藤先生という方がおられた。東大医学部を出られて特に肺結核が専門で、戦後の小野田セメントの社員の健康維持に中心的な役割を果たしてこられた。この先生がしみじみ言われたことがある。「松本社長の場合、あの心臓で身体がだんだん悪くなっていった状態だった。同じ老人でも大島さんの場合は、そんなに急に悪くなっていかないし、何とかもっている状態なんだ。長年本人を見ていれば、その差はよく分かる。何度も忠告したが、松本さんは最後までそのことを胸の中に入れたまま亡くなられた。今村さんはどうかね」。私が「私はどうですか」と聞くと、「どうせ言ったたって聞いてくれないだろ」と言ってニヤニヤしておられたのを覚えている。

実際色々な会社を見ていると、社長に就任した時に赤字つづきで苦しみ抜く人がいるかと思えば、就任したとたんに会社の状況が好転して何の苦労もない人もいる。あるいは志半ばにして挫折する人もいるし、まさに千差万別の人生だと思う。

ナポレオンがかつて、自分の部下の指令官を選ぶ時、「あの男は運の強い男かどうか」

を必ず聞いたというが、何となく分かる気がする。私は社長にも運というものがあると思う。その当時、私は運が良かったのかもしれない。

十一、海外事業

海外投資の本格的始まり　国内のセメント産業の環境が好転し会社の状況も徐々に良くなってきたが、一方で私は、以前から考えてきた海外進出を行っていく希望を実現しようと思っていた。

小野田セメントは戦前から海外志向の強い会社だったが、終戦とともにすべての海外拠点を失った。戦後は最初にシンガポールでセメントターミナルとクリンカ粉砕工場の建設（昭和三十七年）を進め、松本幸市社長時代にインドネシアでセメン・ヌサンタラ社を設立（昭和四十九年）、チラチャップ工場を建設して海外生産を始めた。

海外進出と簡単に言うが決して楽なものではない。シンガポールでも安藤豊禄さんは面白い発想をした。照洋丸という船を建造し、行きにクリンカをシンガポールに輸送、帰りにインド（ゴアだったと思うが）から鉱石を日本へ輸送する方式をとった。この考え方は輸送運賃の低減を狙ったものだった。これは発想としては良かったし、今日では盛んに行われているのだが、残念ながら当時ではまだ無理があった。特に鉱石積み込み時のアイドリングタイムの影響が大きく、デマレッジを大幅に計上することとなった。これをクリンカ輸送専門に切り替え、さらにバラセメント輸送へと切り替えることによって、採算性が向上し利益が出るようになった。

チラチャップ工場は当初の工事予算を大幅に超過し、これが採算を圧迫した。このため建設当初は大幅な赤字を計上していたが、私が社長に就任したころから経営環境が好転して利益を計上し始めていた。建設後七〜八年の月日が経過していた。

大島健司社長の時代には、オーストラリアのアデレード・ブライトン・セメント社の株式を取得し筆頭株主となっていた。これは株価が上がるという見通しも含めて、きわめて戦略的な判断から購入したと思われる。

社長になった翌年の六十一年（一九八六年）四月、社内に海外事業委員会を設置し、十月にはサンフランシスコに小野田USA社を設立した。一九八〇年代の米国のセメント産業は斜陽化し、多くの工場が売りに出されていた。事実、米国で最も有名で、小野田セメントの主要な輸出先でもあったローンスター社は一つずつSS（サービス・ステーション）や工場を売り、その売却益で全体の経営を維持する方法をとっていた。

同時に、欧州のセメント資本は米国のそうした状況の中で着実に買収を進めていった。やはりその当時から突出して買収を進めていたのはラファージュであり、ホルダーバンク（現ホルシム）であった。当時の米国のセメント産業は、基本的には地域産業の性格が強くて工場の生産規模も比較的小さく、日本のような臨海の大規模生産工場は少なかった。元来米国のセメント産業は輸出産業ではないし、当時の状況はむしろ、空洞化の危険性さえあった。

その理由は第一に、米国はすでにセメントの需要に対する自給能力を失っていたし、また輸入品に対する競争力を失っていた。第二に、石灰石資源が内陸部に多いため自然に内陸工場中心となり、企業規模拡大に限界があったこと等が考えられる。

欧州資本の買収の考え方は、私達日本のセメント会社と基本的に異なる。当時の我々の考え方は、あくまで日本からの輸出が中心で、これに対する補充的な役割として現地への進出を図る考え方が強かった。投資の採算は、常に投資の結果として当社の販売数量にどう影響するかという観点から考えていた。従って現地に投資して、そのセメント会社自体として利益をあげるという思想は比較的薄かったといえる。

当時の米国の状況は、ソビエト連邦の崩壊、ベルリンの壁の撤去により東西の緊張が緩和され、カリフォルニアの中心産業の一つだった軍需産業の衰退が始まろうとしている時代だった。従って西海岸におけるセメント需要の将来見通しもかなり悲観的な時期だった。いわば米国のセメント産業は下降局面に入ろうとしていた。

小野田セメントの本格的な海外投資は、このような時期から始まろうとしていた。同時にそれは、私にとっては十数年にわたる苦しみの始まりでもあった。

髪が白いセメックス会長　余談になるようだが、私はセメックス会長のL・H・サンブラーノさんとお付き合いをしてきている。まさにメキシカンだと思わせる多血質な感じの人だが、同時に大変理性的なジェントルマンでもある。頭髪は濃いが真っ白である。彼が私に冗談めかして言ったことがある。「この髪が白いのは、スペインの会社の買収をやった時に苦労したからなんだ」。私はこの話が実によく分かる。セメックスはスペインでの買収から立ち上げ、安定までが大変だったと聞いたことがあるが、彼は陣頭指揮をとっていたのだと思う。

欧州の経営者のトップを見ていると、行動範囲がきわめて広いし、本当によく動く。末端までの動きを実に詳細につかんでいるし、進出先の現地での人間関係もかなり突っ込んだものになっている。

それぞれの国と国との関係、社会制度の違い、国民感情の差、人種差別意識、これらを越えて海外投資を展開し成功させるには、実は血のにじむような苦労が伴うものだ。日本にいて政策論をぶつのとは訳が違う。これはすぐれて社長が率先しなければ成功しない。国際化とかグローバル化とか、言うのはたやすい。しかし、実はやり出すと大変なことだとよく分かる。過去十数年間、この問題を手がけてきて今振り返ってみると、我ながらよく耐え抜いてきたとしみじみ思うことがある。

さて本題に戻って、昭和六十二年に米国のローンスターから、ハワイ、シアトル、ロサンゼルスの三事業を買わないかという話があった。同年末、ローンスター・ノースウエストを設立し、交渉の結果シアトルを中心にSS、生コン、骨材事業の買収を進めた。私は特に骨材事業の将来性に眼を向けた。環境保護の観点から骨材事業は米国でも許認可が厳しくなり始めていた。

その頃は海外進出といい、買収といい、無我夢中で取り組んだ気がする。ただ、ワシントン州を中心とした地域の骨材山は誠に見事な骨材資源を有していた。恐らく今では到底手に入らないほどの資産価値をもっていた。日本の生コン経営者が見て「涙がこぼれるほど欲しいよ」と言われたのを覚えている。

当初の経営の形態はローンスターと五〇対五〇の共同経営だったが、これはうまく進行しなかった。私は海外投資の今までの経験を総括してみて、一般的にいってどちらかがはっきりとした主導権を取らないと、経営は決してうまく行かないと思っている。これが日本人同士とか、ヨーロッパ人同士という場合は別だが、そうでない場合は経営責任の所在があいまいになってしまう。その結果、経営陣の活動が統一性を欠くこととなる。

ローンスター・ノースウエストの経営をスタートしてすぐ、その問題に直面した。当時ローンスター生え抜きの人が共同経営に参加していたが、我々の問題掌握が遅れるたびに主導権を握られ常に不満の種となった。幸い、ローンスターから株を売りたいと申し出があり、当社が九七・五%を握ることになって始めて、我々なりの経営が出来るようになった。

当時シアトルに出向中だった渡辺良雄さん（現当社専務）は随分苦労したと思うが、渡辺さんの推薦により現社長のジム・レップマンさんを得てから、このコンビでローンスター・ノースウェストを立ち直らせた。それにしても、同社の立ち上げの数年間はまさに赤字との苦闘の連続だった。しかし私はワシントン州を中心としたこの地域に将来の可能性を感じ、最後まで頑張ることとした。


米国三工場買収、ＣＰＣ発足　当時私は米国の公共投資のあり方に注目した。特に道路維持のための補修予算をほとんど計上していない。当時の米国の財政事情もあったと思うが、この公共投資のやり方では必ず何年後かに社会資本の再整備が必要になる時期が来ると思っていた。それはセメント需要がその時期に増加することを意味する。私はそういう時期が必ず来ると判断していたし、社内でも社員によくそのことを指摘していたが、余り信用されていなかったかもしれない。

国民一人当たりのセメント消費量という数字が統計的によく使用される。これは先進国と開発途上国の問題、あるいは地域間、経済格差の比較にもよく引用されるが、米国の場合はセメント需要と人口移動がかなり強い相関性をもって見られる。

カリフォルニアの場合、軍需産業中心の産業構造が転換していくと人口の増加が停滞し他の州への人口移動が発生する。その結果は必ずセメントの需要の一時的な減少につながる。逆にアリゾナのように、ここ数年人口移動による増加率が高い全米でも有数の地域では必ずセメント需要が伸びる。それは老後の生活をアリゾナに求めてくる人が多いとか、色々な事情による。そうした人口移動とセメント需要の変化がまさに相関している。

逆に中国の場合、沿海部と内陸部では一人当たりのセメント消費量が明らかに違う。これは中国政府が問題にしている内陸部の経済発展の立ち遅れを明確に示している。

そういう流れで見ると、当社が今のカリフォルニア・ポルトランド・セメント（CPC）を買収した時期は、特に南カリフォルニアを中心にセメント需要が停滞期に入っていた時期だった。そういうなかで昭和六十三年、私は米国の大手セメント・建材メーカー、カルマット社の株式を取得することを決めた。カルマットの株式の一九％を二億四千万ドルで買い取り、セメント、生コン部門を買収することにした。

カルマットは骨材、セメント、生コン事業を持つ有力な会社だったが、そのうち骨材部門のみを残して売却する方針であった。同社のセメント部門はカリフォルニアのモハベ、コルトンとアリゾナのリリトーの計三工場で、年間三百万トン強のセメントを製造販売していた。

平成二年九月、カルマットからセメント、生コン部門を分離し正式にカリフォルニア・ポルトランド・セメント（CPC）として発足した。経営陣は日本から日下部清さん（当時専務）、社長はロン・エバンスさんだった。このCPCという社名は同社がカルマットに買収される前の社名に戻したものだった。エバンス社長以下の経営陣も旧CPCの生え抜きの役員を選んだ。

買収当時、モハベ工場を視察している時のことだった。年配の現場の従業員がひとり、私のそばに寄って来た。見るとCPCとマークの入ったヘルメットをかぶっていた。私に向かって、「私は今回の小野田に買収されたことを大変喜んでいる。そしてこのCPCのヘルメットをまたかぶることが出来るのが何よりも嬉しい」と言う。彼の顔を見て私には、何か日本の当社の従業員の表情と重なって見えた。

米国では企業買収が盛んだし転職も盛んだが、その陰にこうしてCPCに愛着を持って働いている人たちもいる。自分の働く企業に愛着を持ち誇りを持っている人がアメリカ人にも多いのではないか。CPCがカルマットに買収された時に、この人はどんな思いがしたのだろう。私はアメリカ人の意外な側面を垣間見る思いだった。

安藤相談役が大連進出提案　こうして米国における海外投資が始まったが、同時に並行して対中国投資が進行し始めることとなった。

昭和六十一年、第一回の日中建材会議が開催され、私はこれに出席した。このとき私は国家建設材料工業局（建材局）を訪問するとともに、建材局直轄の建材工業研究院を訪ね、閻院長と初めてお会いした。建材局の局長は当時、林漢雄氏だった。すでに文化大革命は終わり、林さんも職場に復帰され、改革開放の路線を踏み出そうとされていたと思う。

彼は私に、独房に入っている時、何が一番辛かったのかと言えば、活字を見られないことだったと言われたことがある。確かにそうかもしれないし、その後色々な人々と接するにつれて文革の実相に触れ、これが中国の発展に及ぼした影響の深刻さを実感することとなった。

日中建材会議を契機に建材工業研究院と当社の研究所との交流が始まることになった。それと並行して中国側からはセメントの合弁事業について積極的な投資参加の呼びかけがあった。我々としても関心はあったが、具体的に特定した話は提起されていなかった。候補としては、現在三菱マテリアルの合弁工場がある烟台、あるいは現在当社の合弁工場がある秦皇島とか柳州があげられていた。しかし私に対する話は意外なところから提案された。

はっきりとした日時は覚えていないが、六十二年の秋だったと思う。安藤豊禄相談役が突然、私の家を訪ねてこられた。安藤さんは「さっそくだが、君、大連でやる気はないか」と切り出された。大連は小野田セメントが大正十二年に工場を建設した所で、その工場がその時も稼働していた。その工場の近くに新工場を合弁で建設し運営したいという希望であった。私は前向きに検討しますと答え、安藤さんにどの筋からの話かお聞きした。安藤さんの話を要約すると次のようなことであった。

安藤さんは大正十一年に当時の小野田セメント平壌支社に赴任された。その社宅から四キロの所に安重根義士の居宅があった。安藤さんの著書『韓国わが心の故里』によると、安義士は明治四十二年（一九〇九年）十月十六日、ハルピン駅頭で伊藤博文公を射殺した。日本の明治の元勲を暗殺したという点では日本人にとって仇敵である。その住居に行くことは日本人にとってははばかりがある、と書いておられる。しかし、日韓併合の名目がどうであれ、民族が民族を支配するという現実に直面すれば、私とて安義士と同じ行動をとったかもしれない。

安藤さんは赴任したばかりの青年社員だから誰にも知られていない。それで破邑の家を訪ねた。その時以来、義士のことに大きな関心を持つようになられたようである。伊藤公が暗殺された時同行しておられた田中清次郎氏は満鉄の筆頭理事であったが、討った弾のうち一発が田中氏の靴のかかとに当たった。その弾丸は今も国会図書館に保管されている。田中氏は、伊藤公が倒れたことは誠に不幸だったが、その時の義士の堂々とした態度、ピストルになお一発弾が残っていることを注意した態度に強い印象を持ったと語っておられる。

戦後安藤さんは安重根義士の足跡を訪ねておられたようで、その中で刑死した旅順の刑務所を訪ねたいと考え、大連市に運動をしておられたようである。その市当局の話の中から、セメント工場建設の案件が出てきた。

余談になるが、大連工場が完成し稼働したあと、私は大連の名誉市民になった。そのため旅順に入る自由を得て訪ねたことがある。寒い二月のことだった。二〇三高地から入った。雑木林の所どころに塹壕のあとがあって、雪をかぶっており、訪れる人も私たちだけで誠に寂寥の思いが禁じえなかった。その中に「乃木保典少尉戦死の地」の碑が昔のままに保存され、誰か知らないが日本のマイルドセブンが一本供えられていた。その碑の前に立って、二〇三高地の戦いの悲劇は我々にとって忘れてはならないものだと私はしみじみ思った。

旅順では、日本が支配していた時代にあった忠霊塔も函霊山の塔も昔のままに保存してあった。東洋のマタハリと言われた川島芳子の家も残っていた。戦後日本では多くの銅像が破壊されていったことと比べると、私には誠に妙な感じであった。そのあと旅順の刑務所を訪問した。刑務所は帝政ロシアの時代にでき、これを日本が引き継いだものだった。夕方だった。案内の人は私を日本の刑務所の職員と勘違いしたらしく「日本の刑務所の方ですか」と質問された。通訳が説明すると納得したらしく、丁寧に案内してくれた。

私にとって一つひとつが初めての体験だしショックだった。安義士が刑死した絞首台を見学したとき、偶然にもそこで日本の支配時代のテレビドラマの撮影が行われていた。それは誠に原始的な絞首台だった。私たちはまさに黙然として見学を終えた。通訳の周さんが私に「見学は今回で二度目です。小学生の時見学して、夜恐ろしくて眠れませんでした」と話した。

大連工場の建設　大連工場の合弁の話はこの安藤さんの提案をきっかけとして始まった。工場の立地条件や石灰石鉱山等、調査を進めた。私がもっとも重点を置いたのは、やはり港だった。何とか対米輸出が可能なポジションだということがわかった。中国側も初めての経験だったし我々も同様であった。特に中国側は資本主義社会の企業のあり方について、最初は全く理解出来なかったのではないかと思われるほどだった。山崎豊子の『大地の子』を地でいくようなやりとりが常に行われた。

例えば金利・償却という考え方ひとつをとっても全く理解されない。輸出の口銭制度でもそうだし、機械の輸入にしても日本側が何かうまいことをやっているのではないかという感覚が抜けない。したがって日本側の経済常識そのものが通用しないし、その理解を得るのも大変なエネルギーの消費だった。それは国有企業の経営を中心にやってきた人々にとっては当然のことだったのかもしれないが、我々にとっては資本主義的な企業経営の常識の共有化が最大の課題となった。

それを一つひとつ議論しながら積み上げていく努力は大変だった。当時の藤井浩二副社長を中心によく頑張ってくれたと私は今も思っている。幸い大連の魏富海市長は民間企業の出身ということもあって、状況をよく理解し強力な指導力を発揮していただいた。これが成功の大きな原動力となった。

平成元年（一九八九年）五月、大連のセメント工場の合弁契約がまとまり、調印の運びとなった。通常ならば、それから会社設立、許認可等に三年くらいの時間がかかることになるはずだった。

調印式が行われたのはちょうど、いわゆる天安門事件があった六月四日の直前であった。調印式の当日夜中までかかって契約の交渉が行われた。それは大連工場の石灰石山の立木補償について中国側から要求が出され、話が違うということで揉めに揉めたためであった。深夜になってようやく話がまとまり、調印式が人民大会堂で行われることとなった。その日、鄒家華国務委員立ち会いの下で調印式は行われた。天安門広場は学生達によって埋めつくされ、中央で学生達の演説が行われていて異様に緊張した雰囲気だった。このため我々の調印式も何となく落ち着かない空気ではあったが、何とか無事に調印を終えることができた。

その後、記者会見まで時間の余裕があったので、私は三井物産の人達と天安門広場を横切って歩いて行った。地下道から学生達がどっとあふれ出て、置いてある自転車も平気で踏みつぶして広場に向かって行く。騒然とした中を歩いているうちに、私は三井物産の人達に取り残され、いつの間にか車道に押し出されていた。途端に私は警察官につかまって中国語で何か言われた。警官も無理もない、この状況で気が立っていたのだと思う。何か怒られているらしいが、分からない私は、初めは呆然としていたがポケットからパスポートを出して見せた。警官もそれを見て「行っていい」と言うので、慌てて皆のあとを追った。三井物産の方から「あんたはすぐ中国人と間違えられる」と言われ

大連工場の竣工式で

た。
記者会見の会場にはたった一人の記者しかいなかった。あとは皆、天安門広場の取材に出払っていて、拍子抜けした。その記者は「私が皆さんに話を流します」と言うので発表したが、妙な記者会見となったのを覚えている。
天安門事件は中国の民主化との関連の中で、米国を中心とした経済制裁問題に発展した。日本政府もこれに同調した。私はこの投資を進めるのか、延期して様子を見るのか迷った。中国側はその逆で、改革開放政策は進めるということで、むしろこの計画の進行を早めるという考え方だった。

ただ私は、米国の民主化政策と経済的な制裁措置については何となく疑問をもっていた。一つは中国の民主化という問題は、これだけ多くの人口と多くの民族を抱えている国が、米国の主張するほど簡単に取り組めるのか、まして文革後何年も経たずにそんな理想的なものが成り立つのだろうか。第二は、米国の言う民主化と経済制裁の政策が本当に連動しているのか。米国の企業はもっとしたたかに別の動きをしているのではないか。

私は迷ったが、どこからも有効な提言はなかったし、日本政府サイドでも明快な指導はなかった。結局、私はここまで来たらやろうと決心した。予想通り中国側の対応は素早かった。会社の設立認可から始まって工場建設着工まで異例の速さで進んだ。こうして平成元年十二月着工、四年五月工場が完成しキルンに火入れを行った。調印から三年で工場は完成、商業生産を開始することとなった。

大連華能小野田水泥有限公司の設立と工場の完成は、当時の小野田セメントとして初めての中国での投資経験となったが、今考えてみるとスタートにおいて一つの大きな失敗をしたと思っている。それは経営は人だという原則を中国側と十分に論議しなかったことにある。

苦労した初期の合弁経営　大連の投資そのものは順調に進行したが、徐々に合弁会社の経営、運営上の問題が生じ始めた。最大の問題は董事会（日本流に言えば取締役会）、特に董事長（会長）の人選にあった。中国の場合は通常、企業の運営に当たっては董事会が最終的に責任を持つこととなるが、当初董事長は中方（中国側）が、副董事長は日方（日本側）が就くことになっていた。その場合、董事長は中方出資者から派遣されるが、大連の場合は残念ながら企業経営の未経験者が派遣されることとなった。

当然、意思疎通に障害が生じた。しかも董事長が常駐することにより、董事会の決定を執行する総経理（社長）との間で意見の食い違いが生じ、命令が二重に出ることとなって混乱が発生した。当時は会社を立ち上げたばかりであり、職場の規律を確立すべき段階でもあったし、業務の執行ルールを確定していくことが必要な時期であった。

例えば資材の購入の問題でも過剰購入による在庫の抱え過ぎ、検収不備による不良在庫の発生、これに対応する工場幹部の処置の不統一などがあった。これはほんの一例に過ぎないが、こうした状況が頻発することは立ち上げ初期の会社経営にとって致命的となることは極めて当然の成り行きであった。

米国であれば、いや米国に限らず資本主義社会の企業では、こういう場合当然のことだが、直ちに具体的な措置を取ることが可能である。ところが、中国の場合は、出資者自体の考え方にもよるが色々な人脈とか政治的な配慮とかが働く。この場合も中方では小野田の言う通りの設計仕様では実績が出ないという不満もあって、出資者相互で十分な論議が行われなかった。

今でこそ社会主義市場経済の考え方が徐々に浸透し、中国人自身による効率的な経営方式がどんどん進んではいるが、当時はそういう状況ではなかったし、相互理解から信頼へと進むことさえ大変だった。このままでは大連の合弁事業は駄目になると思い、私は真剣に考え苦しんだ。私の経営責任の中で撤退まで考えなければならないかと思い詰めざるを得ない状況に立たされた。

結局、私には中方の出資者・北京華能公司のトップの王傳剣さんとの話し合いしか道はなかった。その間のつなぎを現在北京勤務の董暁光さんが十分務めてくれた。今でも、大連華能小野田有限公司が今日の状況になり得たのは当時の熊野総経理、王副総経理を中心とした努力によるものだと思うが、あのとき董さんがいなかったら、今日の私はなかったのではないかと思う時がある。そのくらい私は当時、心理的に追い詰められていた。

北京華能公司との話し合いがようやく進みだし、中方も董事長の交代に踏み切る決断をしてくれた。私は今までの経験に基づいて、新董事長候補の郭彦生さんと、とことん話し合った。それは腰をすえての本格的な話し合いとなった。彼は民間企業経営の経験者だった。従って話し合いは極めて順調に進んだし、相互の理解が生まれ始めた。私は同時に日方の総経理の交代を考え、最終的に熊野靖治さんにお願いすることにした。

この人事は成功した。郭董事長、熊野総経理、王副総経理の体制になってから、大連の状況は急速に変化を始めた。熊野さんの苦労は大変だったと思うが、合弁会社内の空気は一新し、内容にも明らかに変化が生じた。それが今日の大連の状況を生み出す原動力となった。

一方、米国で始まった事業も決して楽観できる状況ではなかった。特に平成元年に買収したＣＰＣは平成五年まで赤字が続いた。米国の経済不況の影響をもろに受けていた。

その結果、平成四年度決算では持ち株会社の小野田USA株式の評価減をせざるを得なくなった。幸い他の利益でカバー出来たが、やはり無念だった。

その後、米国の景気が上昇傾向に転じたこと、また西海岸地域の産業構造の転換およびアリゾナの人口増加が急激に進んだこともあり、セメント市況及び需要が好転、黒字に転換した。現在ではCPCもグレーシア・ノースウエスト（旧ローンスター・ノースウエスト）も優良会社へと成長してくれた。

株式の評価減は、かつて私が安藤社長時代に一経理課長として屋久島電工等についてお願いしたことがある。その時は激しく叱られたこともあったが、立場をかえて私自身が経験することになり、やってはみたがこれでいいのかと疑問を持つこととなった。一経営者として、今日のように経営実態が時価評価を前提にして見られると、素材産業のような中長期の判断に基づく投資というものは出来ない。投資即回収可能という考え方で進めない限り、恐ろしくて投資は出来ない。

現実に我々に要請されているのは、海外投融資にしても、のちに触れる廃棄物処理事業にしても、息の長い投資になる。しかし今の日本の状況ではそうした考え方は取り難

江南小野田の工場建設工事を視察

い事態になってはいないか。それが日本の国際的な発展の障害になりはしないか、それを最も恐れるものでもある。

海外の経営者との交流　海外事業では米国、中国・大連に引き続いて南京への投資を進めることにした。南京は揚子江の上流にあり上海との間はちょうど大阪——門司間の距離と同じであった。従って大需要地としての上海の将来性を考え、私は投資に踏み切った。南京工場は揚子江に面したところに建設され、大連とともに米国に向けてのセメント輸出の中心工場になっている。大需要地の上海の状況が悪くしばらく苦労したが、今は地元への出荷が増え、黒字になっている。

こうして海外進出を進めていくにつれて海外のセメントメーカーとの接触も当然多くなった。それはお互いに各国のセメント産業の将来性についての考え方、海外展開の進め方など、色々な視点で政策的な意見交換をする機会となった。同時に各国の経営者の個性にも触れることとなり、私にとって大変勉強になった。特に日本のセメント産業の経営者と欧州のセメント資本の経営者とは、基本的に発想の原点が違うというところに学ぶ点が多かった。

その違いの中で最も重要な点は、日本のセメントの経営者が常に日本という観点から世界を見ようとするのに対して、ラファージュ、ホルダーバンク（現ホルシム）などの有力グループの経営者達は常に世界という観点からものを見るということである。

これを具体的に説明しようとすると大変時間がかかり説明しにくいが、一例をあげれば、日本では、セメント市場はすでに成熟期を迎えていてその将来性は低いということを中心に、業界はどうあるべきか、その中での経営はどうあるべきかという議論になってくる。従って韓国から日本への輸入という問題も、常にその観点から議論されることとなる。

しかし彼らから見ると、日本市場も世界市場の中の一つにしか過ぎない。従って個別の市場の性格からいえば成熟産業かもしれないが、七千万トンという日本の需要は決して少なくないし、やりようによっては利益のあがる市場だという見方となる。ある欧州の経営者の言うように、「日本市場はその非近代的な流通機構を変えられるならば魅力的な市場に変貌する」可能性はある。彼らはそういう考えで世界のセメント市場を評価し判断しようとする。

世界全体として見ていくと、先進国と開発途上国という観点が論議に入ってくる。先進国は先進国でセメント産業の空洞化と社会資本のリニューアルという問題が入ってくるし、その中で投資と利益を常に考えていくやり方をとる。従って欧州やメキシコのセメント国際資本の考え方は、三十年前の初期の段階から現地のプラントを買収するか、新工場を建設することによりその国の産業として参加するという基本的な思想の上に立っているように思われる。例えばサイロボートによる商売のようなものは大手商社がよくやる方式だが、彼らは便宜的に使うことはあっても本来は邪道だという考え方が強い。

三年前私は家内と共に、フランスのラファージュのコロン会長からワールドカップの決勝戦に招待された。決勝戦はパリでフランスとブラジルとの間で戦われた。私もワールドカップなどは初めての経験だったが、妻は生まれて初めてサッカーを観るのがこの決勝戦ということで大変興奮したと思う。

その時、世界中からラファージュ・グループの方々が招待されていた。色々な行事の間にお付き合いしてみて分かったのは、全て各国のセメントメーカーの人であるということであった。わずかにロシアの天然ガス公社の総裁だけが例外だった。従って応援も両方の国のチームに対して行うこととなって、南米の会社の人々はブラジルの応援にという具合で国際色豊かな会だった。

そのことが象徴するように、その国にセメント工場を中心に一貫した事業として進出するという考え方が、世界の大手資本の姿勢ではないかと思われる。そうした視点に立って世界のセメント産業を見てみると、今回のタイに発したアジアの金融危機の中での欧州、メキシコのセメント資本のアジアにおける企業買収の進め方は、最も効果的、合理的で納得のいく動きと分かる。

これが契機になったのかどうか分からないが、他産業と同様に世界でセメント企業の大型買収の動きが加速し始めている。それが今まで国内で力を蓄えていたブラジルのボトランチンなどの国際市場への新規参入を促し、急速に寡占化の動きになったのではないかと思われる。

だから日本からの輸出、しかも生産能力過剰だから限界利益を稼げばよいというような海外輸出を基盤とした考え方では、今後は通用しないのではないか。私達は国際競争の中での市場原理、しかもフルコストをカバーする価格と、これに対する競争力を身に付けていかなければならない時代に直面するのではないか。そんなことを私は今、真剣に考えている。

十二、廃棄物リサイクルとセメント協会会長

廃棄物処理事業に着目　海外事業については、またのちに書くことになるが、ここで廃棄物のリサイクル事業について触れておきたい。社長になってセメントの合理化を進める一方、新規事業、海外事業などいろいろ始めたが、私はもうひとつ、廃棄物処理・資源リサイクルに強い関心を持った。

その発想は大島健司さんが専務時代の昭和五十年以前にさかのぼる。私が東海運の海運部長をしていたときだが、大島さんは小野田セメントの資源事業も担当していて、中部電力の尾鷲火力発電所にタンカルを供給し、排煙脱硫から生じる排脱石膏を引き取って販売する事業を始めた。その排脱石膏を恒見（福岡県）の集積場に輸送し、セメント工場に供給する業務を東海運が引き受けた。以後、石炭火力が増えていくとともに、排脱石膏やフライアッシュも増えていった。私はその輸送に関わって、これから大きな事業になる可能性があるのではないかと感じていた。

平成13年４月に竣工した市原エコセメントの工場

そういう基盤があったからだと思うが、社長になって米国の事業を始めた平成二年（一九九〇年）ころ、米国の雑誌ロック・プロダクツで「将来、ごみからセメントをつくる」といった趣旨の論説を読んで、これはおもしろいと思った。それから私は「ごみでセメントをつくるんだ」と、社内で言い回っていたのを覚えている。そこからエコセメントの発想が生まれ、平成三年にその開発に着手し、以後、下水汚泥やＲＤＦの利用研究も始めた。リサイクル研究所、リサイクル資源事業部をつくったのも、平成四、五年ころだった。

同時に、米国や欧州のごみ処理事情を調査することにした。ボストンコンサルティンググループにも頼んで、私も一緒にシカゴやヒューストンなどを回った。それは大変勉強になり、ごみ処理は将来、産業として成立し得るということを確信した。

当時すでに、米国でも欧州でも廃棄物処理の大きな会社があり産業として成立していた。ただ、その成立過程は異なっていて、米国は環境問題では大気汚染が重視され、ごみは埋め立て中心で水質管理や汚染土壌の処理事業が多かった。一方、欧州はごみ処理そのものが重視され、埋め立てより焼却が中心になっていた。それが今はリサイクルに重点が移っている。

処理業者はいずれも小規模なものから始まったが、集約化し大規模化しつつあった。廃棄物処理は住民とのトラブルが発生しやすいから、情報公開、企業の透明性が当然要求される。水質基準や排ガス規制など厳しくチェックされるため、適正な処理をしていることを常に明確にしなければならない。だから、小規模な企業ではやっていけなくなった。こうして買収・統合が進んで大企業となり、それらの会社は社会的地位が高く、その従業員も誇りを持っている。すでに米国の処理会社が香港やマレーシアでごみの埋め立て処理と水質管理を請け負うなど世界的に事業展開している例もある。

欧州では都市ごみをコンポスト化したものをセメント工場のキルンに投入し処理しているのも見た。またそれ以前に研究報告で知ったことだが、英国のブルーサークル社の工場で、ごみの処理場から出るメタンガスを燃料として使っていた。こういう例はあったものの、当時はまだ初歩的で、セメント工場で廃棄物を受け入れることについては、欧州の経営者も消極的だった。また、米国ではセメントの品質や排出ガスへの影響が懸念され、廃棄物はほとんど利用されていなかった。

一方、当時の日本のセメント業界では、廃タイヤや石炭灰などの利用が始まっており、その他の廃棄物の受け入れも増え始めていたが、当社ではかなり先を読んだ議論をし、先行していたと思う。私はそういう経験と議論のなかから、セメントキルンと廃棄物処理は切っても切れないものになり、環境産業として新たな展開をしていくという展望を持つようになっていた。

それが今、研究開始から十年経ってエコセメントの事業が始まり、下水汚泥や都市ごみの処理も現実化しつつあるわけだが、ここに至る過程は必ずしも順調ではなかった。エコセメントの開発に反対があったことは先に書いたが、色々な廃棄物を受け入れていくと、原料の調配合や品質管理が大変で、エネルギー原単位も上がるから、生産部門の人々は消極的だった。それに対し説得に説得を重ねて、全社的に廃棄物処理を推進する空気となり、今日では、生産部門の人たちもできるだけ廃棄物を取り込んでコストを下げようという考え方で努力している。

セメント産業の新しい役割　セメント産業が廃棄物処理で重要な役割を果たしていることは、今や業界内で共通の認識となり、社会的にも認められつつある。それは欧米でも同様で、ラファージュやホルシムなどのメーカーも積極的に廃棄物を製造工程に取り込むようになっている。ただ、先に書いたように欧州には廃棄物処理の大企業があり、今ではそれらの会社とセメント会社が競争する形になっており、セメントキルンでの処理は日本ほどは多くない。

一方、中国や韓国では廃棄物処理の意識がかなり違う。中国では埋め立てができる用地が多いせいか、お金を払って処理してもらう慣習があまりない。だから、廃棄物処理産業が成立するのはかなり先のことだと思う。ただ最近、当社の大連工場では石炭灰の受け入れ処理が始まっている。また韓国でも、まだ処分場の問題が顕在化していないが、やがてセメント工場での処理が必要になるのは時間の問題だと思う。双竜セメントではそのための準備をしたいと考えている。東南アジアを含めて、我々の技術が生かせる時代が必ず来るに違いないと思っている。

このように産業の発展段階や国土の条件によって廃棄物処理のやり方や意識が異なるが、日本では処分場がなくなりつつあり、循環型社会の構築が待ったなしの課題になっている。このなかでセメント産業の役割はますます重要になる。

そういう観点から当社の廃棄物処理の取り組み過程を考えてみると、様々なものを受け入れ地域的にも広がって来るとともに、小野田セメント一社では限界を感じるようになっていった。秩父セメントと合併し、さらに日本セメントと合併することによって、工場が全国的にバランスよく配置されるようになり、初めて本格的に事業展開できるようになったといえる。

特に小野田セメントには関東に工場がなかった。廃棄物の排出が最も多い首都圏に工場を持つことによって、他産業、自治体とのクラスタリングが可能になった。しかし、太平洋セメントにも工場がない地域も多い。そこで全国的にクラスタリングを形成していくためには、他社も含めてセメント業界全体が連携して取り組んでいくことが必要になっていると思う。日本の場合、こうした業界としての共同行動をとることによって、セメント産業のレゾンデートルを高めることを考えてもよいのではないか。

さらに言えば、全社が連携してもセメント工場の空白地域がある。そこでの廃棄物処理をどうするのか。当社としてはそういう問題意識を持って、次の課題を考えていく必要があると思っている。

もう一つの問題は、日本は中国や韓国と意識が違うと言ったが、日本でもまだ、廃棄物処理にお金をかけることに抵抗が強い。住民の意識や行政の規制の問題もある。今後、一般廃棄物処理の民営化も進むと思うが、それを事業として展開し利益をあげることには抵抗が強いのが現実だ。住民も行政も意識を変える必要があり、そうでなければ廃棄物処理産業は成立しない。しかし、ごみの持って行き場がなくなりつつあるという現実があり、社会も変わっていかざるを得ない。

そこに行き着くまでには時間がかかるから、我々のゼロエミッション事業を経営の大きな柱にするのも時間がかかると思う。しかし考えてみれば、海外事業でも他の事業でも、本物にするには最低十年から二十年はかかる。そういう長い目で見て、手を打っていくことが大切だと、つくづく思っている。

協会長時代、公取委の調査　私は小野田セメントの社長時代の平成二年から二年間、セメント協会の会長を務めた。それと前後する時期の業界の動きと私の関わりについて書いておきたいと思う。

私が社長になった時の協会長は小林久明さんだった。すでに五グループの共同事業会社が動き出していて、各社は合理化や市況対策に力を入れていたが、韓国、台湾からの輸入が問題となっていた。協会では昭和五十九年に輸出入対策特別委員会を設置し、当社の大島健司社長が委員長となっていたが、翌年の社長交代で私が委員長となった。

当時の輸入量は六十万トン程度（昭和六十年度）だったが、急に増えており、小林さんは百万トンくらいまでいくのではないかと言っていたが、私は三百万トンくらいになると見ていた。量もさることながら、急激な円高もあって輸入セメントは非常に安かったから市況への影響が問題となっていた。

我々は、主要な対日輸出メーカーであった双竜セメントや台湾セメントに対して、秩

セメント協会長として新年のあいさつ

序ある輸出を要請したが、私が会った双竜セメントの金採謙社長（当時）は「セメントを安く供給することは、日本の国益にもかなうことだ」と言い、取り合ってくれない。色々な対策も考えたがうまくいかず、輸入量は結局、三百五十六万トン（平成元年度）と増加した。

ところが、幸いにしてというか不幸にしてというか、日本のメーカーも国際競争力が問われ、輸入セメントに負けないようにするためコストダウンに一層力を入れた。それは輸入の効果といえるかもしれない。そのうち韓国の内需が急増して需給がひっ迫し、輸出が制限された。このため平成二年から日本への輸入は減少に向かい、国内市場での影響は小さくなっていった。正直なところホッとする思いだった。

セメント不足に陥った韓国では中国から輸入することになったが、その品質が悪くてコンクリートが固まらないといった事故も起きる事態となった。そこで双竜セメントは小野田セメントに輸出してくれと頼んできた。

私はあまり深刻に考えず、今助けておけばいずれ役立つだろう、当時建設中だった中国・大連工場からも輸出ができるだろうなどと思って、応ずることにした。韓国向けセメント輸出の第一船は平成三年五月だったが、当時業界では「敵に塩を送るのか」と非難されたのを覚えている。しかしその後、ほかのメーカーも韓国に輸出し大きな得意先になったのは周知の通りである。

平成二年四月セメント協会長に就任して間もなく、各社の北海道支店がヤミカルテルの疑いで公取委の立ち入り調査を受け、六月には各メーカー、共同事業会社の本社、支店、セメント協会も調査を受ける事態が発生した。それからの一年間はこの対応に追われることになった。

私自身も事情聴取を受けたが、営業部長時代にも聴取を受け、常務時代には五グループの編成をめぐって公取委と協議したことがあったので顔見知りも多かった。そのひとりから「今村さんはこちらに来るたびに偉くなっていますね」と皮肉を言われる始末だった。しかし彼らだって偉くなっていた。

年末になって勧告を受け応諾した。調べの過程で色々な証拠があがっていることが分かり、応諾せざるを得なかった。もし拒否していたら裁判に持ち込まれていただろう。翌年三月には十二社が百十二億円の課徴金を納めることになった。この一年の過程と結果は苦痛に満ちたものだったが、それだけでは終わらなかった。

公取委は五グループの共同事業会社のうち最低、二つくらいは解散すべきだという意向を示してきたのである。同委はもともと、五グループ制には否定的だったし、各グループ内の共販の実質化が進んでいないこともあって、カルテル問題を契機に、より自由な競争を促す意図があったと思われる。そういう問題と併せ、当時は需要が八千六百万トン（平成二年度）と増えていた。一方、産構法に基づいて三千百万トンの設備が処理され（昭和六十一年）、続いて平成元年に産業構造転換円滑化法に基づき一千万トンの設備処理が行われていたので、供給過剰の問題は解消していた。

こうした状況から通産省は平成三年四月、円滑化法の業種指定を解除し、共同事業会社についても一部を解散する方向を打ち出した。それに従って、小野田セメントが入っていた中央セメントと、秩父セメント、宇部興産などのユニオンセメントの二社が解散することになった。その解散は七月に行われた。ほかの三社は存続はしたものの、これによってセメント業界は新たな局面を迎えることになった。

欧州、米国で業界活動学ぶ　私が協会長を務めた時期は、公取問題に始まり、円滑化法解除、二共同事業会社の解散と変化が激しく、セメント業界の転換期だった。平成三年の夏ごろまでにこうした問題の処理が一応終わったが、業界内では独禁法順守の徹底ということで、かなり過敏になっており、必要な政策論議もしにくい雰囲気になっていた。何となくギクシャクした状態だったので、私は各社の社長たちに一緒に欧州視察を行うことを提案した。

前述したように、当時すでに欧州のメーカーは米国などに進出しており、それ以前に国内の業界再編が行われたという情報も入っていた。私は日本もその道が避けられない

協会長時代、欧州視察に参加した各社社長と

と思っていたので、欧州の状況をみんなで勉強し、業界活動の実態なども知りたいと思っていた。ただ、私が考えた視察団の一番の狙いは、トップ同士が親睦を深め信頼関係をつくることにあった。本当の自由競争時代に入ったなかで、業界全体の発展のためにはトップ間の信頼関係が欠かせないと思ったからである。

欧州セメント視察団には当時の北岡徹日本セメント社長、栗原隆秩父セメント社長、藤村正哉三菱マテリアル社長、立元正一住友セメント社長、濱田鎂之助大阪セメント社長、麻生泰麻生セメント社長、辻薫徳山遭達社長などが参加し、私が団長を務めた。十一月初めからおよそ二週間にわたって、フランスからドイツ、イギリス、スイスなどを回り、ラファージュ、ブルーサークル、ホルダーバンクなどの各社のトップ・経営陣と会って説明を受け話し合った。センビューロー（欧州セメント協会）やスイスの協会も訪ね、ドイツでは工場も見学した。

二週間近くも一緒にいたから、互いによく知り合う機会となり、その当時としては狙いどおりの成果をあげたと思う。また、欧州の業界や各メーカーの実情もかなり分かった。ホルダーバンクでは社員教育用のビデオを見たが、ドイツ語から英語、フランス語、スペイン語などで対応しているとの説明であった。すでに各国に進出していて、キルンの運転教育なども国際的にマニュアル化していることが分かり、すごいなと思ったのを覚えている。

ドイツのセメント工場では都市ごみをキルンに投入している現場を見た。これはまだ初歩的なものだったが、廃棄物処理に関する私の問題意識を強めたことは事実である。スイスではセメント協会が大きなポスターをつくって街頭や地下鉄の駅に貼り、また、テレビコマーシャルを流して、セメント・コンクリートのイメージアップを図り、専門家向けのパンフレットもつくって需要開拓の活動を活発に展開していた。これに刺激されてわがセメント協会も翌年、ポスターをつくり、テレビＣＭをやったことを思い出す。

私は協会長になってから、特に円滑化法の解除で業界環境が変わったことに伴って、協会活動はどうあるべきかという問題意識を持ち、いろいろ考えていた。その意味で欧州の業界が需要開拓に熱心に取り組んでいることは大変勉強になったし、CO_2問題などについても政策を検討し社会的、政治的に発言していることを知り、わが意を得たりという思いだった。

その問題意識は以後も持ち続けてきた。これは私が秩父小野田の会長になってからのことだが、平賀一次社長と一緒に米国のセメント協会（ＰＣＡ＝本部・シカゴ）やワシントンＤＣを訪ねたことがある。ＰＣＡの活動を勉強するためだった。その活動は日本とまったく違っていた。

一つはＰＣＡの研究所。各メーカーは研究所を持たず、持っていても小規模なもので、基本的にはＰＣＡの研究所あるいは大学、民間の研究機関に委託していたが、特にＰＣＡの組織は強力で、外部からも研究を受託し独立採算となっている。ここでセメント・コンクリートに関する研究開発を行い、行政やユーザーに提案したりして需要拡大の働きかけをする。

また、ワシントンにはロビー活動の専門組織が置かれている。その副会長は大変美人の弁護士だったが、そこではホワイトハウスのクリントン大統領（当時）の居室まで入れる弁護士や議会のどんな人にも会える弁護士などがロビイストとして活動していた。我々が訪ねた前年には、道路整備を中心としたインフラ整備計画の法案が議会で成立し予算も決まっていたが、それはこれらロビイストが共和、民主両党の議員に働きかけて実現したものだった。この法律に基づいて各州政府などにコンクリート舗装の採用を働きかけていた。きわめて具体的な目標を持ち、組織的に動き成果を上げている。米国のセメント需要が伸びているのは、景気の拡大が背景にあるが、こうした強力なロビー活動の成果でもある。

日本のセメント協会も研究所を持ち、需要開拓の活動もやっているが、成果が乏しい。米国の活動から学び改革していく必要があると思っている。需要開拓に限らず、廃棄物問題などについて政策を検討して社会的に発言し、行政にも働きかけていくべきである。研究開発やセメント規格の問題にしても、各社の利害を越えて、できるだけ共同で対応すべきだと思う。いずれにしろ、今後の協会活動のあり方について真剣に検討する時期にきていると思っている。

十三、秩父小野田時代

諸井さんと話し合併即決　平成三年（一九九一年）に円滑化法指定が解除され共同事業会社の中央セメントが解散したが、そのころから私は業界再編の時代が来ると考えていた。当時はまだ需要は高水準で、さらに伸びるという見方もあったが、私は減少に向かうと見ていたし、競争が激しくなると予想していたので、業界再編は避けられないと思った。だから当時、社内でそういう見通しを話し、「合併する側になるのか、合併される側になるのか。合併する側になるためにはもっと体質を強化しなければならない」という言い方をしていたのを覚えている。

平成四年に入ると、セメント需要の減退傾向が鮮明になり市況も下がってきた。そんな年の初めだったと思う。何人かの役員に「合併するなら秩父セメントだと思うがどうか」と話した。みな賛成だった。

小野田セメントは安藤豊禄さんの時代から関東に工場を持つことを念願としていた。

秩父小野田の合併披露パーティーで諸井虔会長と

業界の五グループ化のときには互いに一緒になりたいと思っていたし、別々のグループになった後も私は諸井虔さん（当時秩父セメント会長）と親しくお付き合いしていた。そして白色セメントの業務提携や品川ONビルを建設する際に共同で生コン会社の集約化をやったり（秩父レミコン設立）、また海外事業に人を派遣してもらうなど、協力関係を積み上げていた。両社ともおっとりした社風で似ていた。そうした背景があったから、役員の人たちにもまったく違和感がなかったのだと思う。

役員の人たちに異存がないことを確かめてその年の春、諸井さんに電話で話した。彼は決断が早い人だから、即座に「いいよ。まず業務提携から始めるか」という応えが返ってきた。私が「中途半端はやめて初めから合併の方がいいのではないか」と言うと、「それもそうだな。そっちにしよう」。これでふたりの意見は一致し、それぞれ社内で検討することになった。その検討も両社とも深刻な話し合いはまったくなくて、あっさり決まってしまい、自然の成り行きという印象が強い。

それから少人数で具体的な検討に入って間もなく、私は社内の会議で、社名は「秩父小野田」にしたいと提案した。社内では、うちの方が大きいのだから「小野田秩父」だとか、「OCC」とかいろいろ意見が出たが、私が押し切った。私としては「小野田秩父」では語呂が悪いし、大きい方を前にすることにこだわる必要はないと思っていた。「秩父」は関東中心の有名ブランドだったし、名実ともに対等合併にするためにも「秩父小野田」とした方がよいと考えた。

社内の了解を取って諸井さんに話すと、「それでいいよ」で決まった。人事についても、諸井さんが会長、私が社長、栗原隆さん（当時秩父セメント社長）が副社長で同意。わずか十分くらいで決まった。それが平成四年の秋ごろだったと思う。以後、双方から人を出して委員会をつくり合併準備の協議を始めた。実務の責任者だった小野田の山下茂幸さん（現常務）と秩父の河浦正樹さん（現常務）などは、初めての経験だし苦労も多かったと思うが、諸井さんと私から見ると、ほとんど問題なくきわめてスムーズに進んだ。

その年の年末には諸井さんが公取委を訪ねて合併の事前説明を行い、問題ないとの基本的了解をいただいた。さらに具体的な準備を進め、平成五年十一月に合併の発表に至った。

合併発表直前の十月、大島健司相談役が亡くなった。大島さんには平成四年の春、諸井さんに電話した直後に合併を考えていることを報告していた。大島さんも「関東に工場を持ちたいと思っていたし、よい組み合わせじゃないか」と賛成してくれた。亡くなる少し前に病院に見舞いに行った。「うまくいっているか」と聞かれ、「十一月に発表します」と答えたら、「そうか」とだけ言われた。

大島さんは私にとって心の支えだった。詳しい病名は分からないがガンであった。静かな最期だった。三井物産の八尋俊邦相談役に弔辞をお願いした。八尋さんは「財界に珍しい人格者」と言われた。その通りだが、実は頑固な反骨の人だったように思う。私は大島さんに甘え、仕事も存分にやらせていただいた。今、私自身が大島さんの年齢になり、己を振り返ってみると、まさに内心忸怩たるものがある。

スムーズに進んだ合併　合併の話が始まってから平成五年十一月の発表、六年十月の秩父小野田発足と、この二年余は実にスムーズに進んだと思う。しかし、合併とは社員の人生設計を変えるものだから大変なことである。特に秩父セメントの人たちは、関東を中心に仕事をして定年まで、と思っていただろうから、九州へ行ったり、北海道へ行ったり、さらには米国や中国で仕事をするなど思いもよらなかったと思う。その意味で、合併後の経営者の責任は非常に重い。それは後の太平洋セメントについても同様で、今も重く感じている。

我々が秩父小野田の合併を決めたのは、セメント事業の環境がいよいよ厳しくなると予想され、単独での合理化では限界があると思ったからだったが、同時に、メーカーの数が多く過当競争体質にある業界の再編を促進する狙いがあった。我々の合併を契機に他社も続き、メーカーの数が減って新たな秩序が出来ていくことを期待した。現に、セメント各社も、生コン業界なども、そういう受け止め方をしてくれたし、我々の発表の翌年三月には住友セメントと大阪セメントの合併が発表され、住友大阪セメントが秩父小野田と同時に発足した。

その年の春には、五グループのうち残っていた三つの共同事業会社も解散し、たしかに業界は再編期に入った。しかしそれと前後して、むしろ競争が激化し市況が大幅に下がる事態となった。その原因について当時、セメント各社の行動が問題視され指摘されたが、私は必ずしもそうは思っていない。基本的には需給バランスが崩れ始めていたという問題があった。だから合併が始まったわけだが、それがなくても必然的に競争が激しくなる環境にあったと思っている。今考えてみると、このときの合併は次の再編への過渡期の始まりだったといえる。

そういう環境下で発足した秩父小野田は、先述したような背景があり、事前の準備期間も長かったので、社内の一本化がスピーディーに進み、合併効果も早く出始めた。平成七、八年には需要が八千万トン台に回復し輸出も大幅に増えてフル生産の状態になったこともあり、バブル崩壊後悪化していた業績は改善した。

国内ではセメント事業の強化のほか資源事業や廃棄物リサイクル事業の拡大の方向も定めた。海外では中国で大連工場が好調で、続いて南京工場が操業を開始した。また、米国の子会社も秩父小野田が発足したときには黒字に転換しており、その後も業績が上がっていった。

秩父小野田の時代にもう一つ、セメント流通の近代化について検討を始めた。流通問題については営業部長時代から感じており、何とかしなければならないと思い続けていた。五グループ化のときも、それによって改革の足がかりをつくろうと考え検討したがうまくいかなかった。この長年の懸案にメスを入れたいと思い、平成七年に特別チームを作って検討した。米国の経験を勉強したり、コンサルタント会社も導入して抜本的な改革案をまとめるところまでいった。

その内容はのちに太平洋セメントになって打ち出したSS渡しなど販売制度見直しの原型になったものだった。当時具体案が固まりつつあったものの、どう実施するか詰めが残されていた。他社がどう出るか、見極めも必要だった。その頃、日本セメントとの合併の話が出てきたため、その案はお蔵入りすることになった。

太平洋セメントになったあと、青木克夫常務にその改革案を見せたところ、「日本セメントも当時、同じような検討をやっていた。どうして実行しなかったのか」と言われた。それが、のちの流通改革の検討につながる。

社長から会長に就任　私は平成八年六月、平賀一次さんに社長を譲り、会長になった。諸井虔会長は取締役相談役に就任した。これを決めたのは前年の十二月ごろだったと思う。合併がうまく進んで思った以上の成果をあげてきたし、諸井さんと話し合い、次のステップのために経営陣を刷新することにした。

平賀さんを後継者にすることについては、ふたりの考えは一致していた。実は秩父小野田が発足して半年経ったころ、「どちらかが事故に遭ったら、後継者を誰にするか相談できないから、それぞれの考えを紙に書いておこう」ということになった。その紙はそれぞれの封筒に入れて秘書室の金庫に保管してあり、互いに、誰の名前を書いているかは知らなかった。社長交代を決めたとき、二つの封筒を開けて見たら、ふたりとも「平賀一次」と書いてあった。それで年末に本人に話し、了承を得た。

平賀さんは、私のような雑な人間ではなく、一つひとつをきちんと詰めて仕上げていくタイプであり、その時期の秩父小野田にふさわしい社長だと考えた。それは諸井さんも同じ認識だった。当時の経営環境は、業界再編とともに競争が激しくなって価格が下がり、雲行きが怪しくなっていた。その背景にはバブル崩壊後の需給ギャップの顕在化があった。そのなかで、社内体制を固め、関係会社の管理もきちんとやっていくことが必要となっていた。また、米国、中国と相次いだ海外投資も、利益を上げ回収する時期となっていた。こういう仕事を着実に進めていく社長として平賀さんを選んだ。

私や諸井さんは会社を自由に動かし、新規投資にしても当面採算が合わなくても思い切って実行し、将来を図るというタイプである。例えば米国でやってきた投資にしても、担当部署から上がってくる採算見通しだけで判断したら、とても踏み切れなかった。そこには経営者の勘のようなものがあった。中国・大連への投資にしても、当時のシンガ

秩父小野田会長時代、中国・重慶にて江南小野田董事長と

ポールなどアジアのセメント市況は非常に悪く、輸出の採算はどう計算しても合わなかった。七割を輸出する約束だから、とても事業採算は合わない。そういうなかで投資してきて大変苦労したが、多くの社員の努力によって、今は何とかうまくいきつつあると思っている。

考えてみると安藤豊禄さんはまさに、そういうタイプの経営者だった。インドネシアへの投資や国内の新規投資など、冒険と思われるようなことをやってこられた。私もそういう安藤さんの影響を受け継いだのかもしれない。経営者として、それは当然必要な要素であり、どこの経営者でもきっと、あるときは計数だけではない、勘を働かせて判断をしていると思う。またバブルの時代の影響かもしれないが、冒険的決断を常に要請される環境下にもあった。私も社長としてそうやってきたが、同時に当時の秩父小野田には我々とタイプが違う平賀さんのような社長が必要だと考えたわけである。

こうして私は、小野田セメント以来十一年の社長在任を経て会長になった。個人的にはそろそろ引退したい気持ちもあったが、社長交代を内定した三月の役員会で、諸井さんが「会社の事業が大きく広がっているので、今村会長は全体を統括するCEO（最高経営責任者）に」と提案し、承認された。たしかに、特に海外事業は広がっているし、平賀社長ひとりで全部をすぐ見るのは難しく、分担が必要だと思っていた。平賀さんにも、私は「口も手も出し、足も出す」と言ったのを覚えているが、内心忸怩たるものがあった。

海外ではビジネスライクに仕事ができると思っている人が多いかもしれないが、実は人間関係が非常に大事である。米国、中国で仕事をやってきて、私はそういう関係をつくり、またラファージュや双竜セメントなど海外メーカーの経営者との交流も、私が長い間やってきたので、新しい人が慣れるまでには時間がかかるという判断もあった。

実際の仕事からみても、今の太平洋セメントでもそうだが、海外メーカーとの会合だけでも年五、六回あり、さらに各国にある関係会社を回り出したら、とても国内を見る余裕がない。事実、ラファージュのコロン会長をはじめとする各国の経営者は、我々が見ていても驚くほど激しく活動している。

平賀社長は基本的に私の路線を踏襲したが、その経営のやり方は違っていた。私は雑で詰めが甘いところがあるが、平賀さんは基礎を固めながら着実にやっていく。当時取り組んでいた中期計画の合理化対策でも突き詰めて厳しく実行していった。だから社内では煙たがられたかもしれないが、私は彼のやり方は正しいと評価していた。

日本セメントとの合併検討　会長になった私は、海外事業で収益を上げる対策を進めた。また、南京工場を立ち上げたのに続いて、さらに海外展開を拡大したいという志向もあった。しかし経営の体力から見て限界に近づきつつあるとも思っていた。

平成八年には国内需要が伸び、業界の混乱も収まりつつあったが、市況は下がっていたし、先行きの需要は減っていくと予想されていた。このなかで過当競争を繰り返したら、ますます体力を消耗する。だから新しい秩序をつくっていく必要がある。そのため流通を改革しなければならないという思いが強く、先に触れた見直し検討を進めた。

そういう問題意識があって、私は浅野五郎さん（当時浅野總業社長）と会食し議論するようになっていた。そのとき五郎さんは「秩父小野田と日本社は合併すべきだ。それがセメント産業にとって最も必要だ」と言われた。日本セメントの中核販売店のトップで、秩父小野田を敵として戦ってきた人が「両社が一緒にならないと業界はよくならない」と、会うたびに持論を熱っぽく語った。私もその通りだとは思ったが、そのときは、こちらは合併したばかりだし、独禁法上の制約があるから無理だろうと考えていた。しかし彼は信念を持っていた。

日本セメントとの関係ではもう一つ、白色セメントのことがある。この事業は年々国内需要が減少し輸出も減って採算が合わなくなり、合併以前から小野田セメントと秩父セメントが生産を北九州工場に統合していた。秩父小野田になって当然、ブランドも統一し、業界では日本セメント（糸崎工場）と二社だけになっていたが、代替品の出現もあって需要の減退が続き、海外輸出の競争力もなくなっていた。そのため赤字が続いていた。

そこで日本セメントの北岡徹会長と話し合い、両社折半で共同会社をつくり、生産は糸崎に集約することで合意した。この山陽白色セメントは平成八年一月に設立し事業を始めた。これはたしかに、両社の百余年の歴史のなかで初めての共同事業であり、注目された。あとになって、これが両社合併の話のきっかけと見る人もいたが、合併のいきさつと直接関係があったとはいえない。当時は北岡さんも私も、白色セメント事業を何とかしたいという一念だった。ただ、互いの信頼関係が強まったことは事実である。

秩父小野田の四年間は、合併の翌年には労働組合が統合するなど社内体制の整備が早く済み、合理化効果も早く上がって実にスムーズに進んだ。だから、特筆することも少ないのだが、セメント業界の競争が激化し市況が下がってきたことが、頭の痛い問題だった。

平成七年の年末だったと思う。各社の会長、社長が懇談する機会があった。その宴席の部屋の片隅で北岡さんと、業界はこのままでいいのかといった意見交換をしていたとき突然、「合併についてどう思う」と持ちかけられた。私はそのとき、「業界はこのままではダメだと思うし、話は分かる。しかし、公取委は認めないだろう」というような話をした。ただ、木村道夫社長がどう思っているか分からないし、「木村さんと一度、話し合ってみるわ」と言って、その場は終わった。

木村さんに会ったのは、新しい年が明けて間もないときだった。日本セメントの本社を訪ね、長い時間話し込んだ。そのころは、業界再編後の激しい競争から、このままではいけないということで協調ムードが出始めていた時期だった。また、秩父小野田の社内でも、廃棄物処理事業を進めるにあたって日本セメントとの提携が必要だという議論が出始めていた。そういう背景があって、ふたりの意見はほとんど違わなかった。このままでは業界全体がダメになるし、海外展開も限界がくるという明確な問題意識があった。

そこで、社風の違いとかいろいろ問題はあるだろうが、長い目で見れば一緒になった方がいいということで一致した。とはいえ、独禁法上の問題があるし合併できるかどうか分からない。ともかく検討してみようということになった。木村さんとは長い付き合いだし、互いに性格も分かっているから、この話し合いは私には違和感なく進められた。

そのあと、諸井虔さんに話したら、「日本社か。それはいいことだ」とすぐ同意。しかし独禁法の問題があるから「できるかな。まあ大変だな」と言われた。その後また木村さんと話し合ったあと、社内の何人かに意見を聞いた。「合併しよう」「やらないと当社も持たない」という意見がある一方、「百余年の歴史と伝統の違いを超えられるのか」とか「不倶載天の敵と一緒になって大丈夫か」「あっちは優秀な人が多いから割りを食うのじゃないか」という人もいた。

そういう議論を何回かするうちに、やはり業界をきちんとしてセメント事業の基盤を固めないといけない、そうしないと海外事業もできないし、廃棄物処理事業も発展できないという意見でまとまり、合併の検討を始めることになった。しかしそこには、独禁法という大きな壁が立ちはだかっていた。

十四、太平洋セメント

公取委の内諾なしに合併発表　秩父小野田と日本セメント両社の合併について一定レベル以上の幹部の同意を得て平成九年（一九九七年）三月から、それぞれ少数の人を出して課題の整理から様々な問題点や合併後のあり方など検討を始めた。最大の問題は当然、両社でセメント国内販売シェアが三九％強になり、従来の独禁法上の合併審査では認められた例がないということであった。だから我々が検討を開始したときも、合併できるかどうかの可能性は、正直なところよくて半々と思っていた。

検討開始と同時に、公取委に打診をはじめた。予想通りというか、それ以上に公取委の壁は厚く、どの部署に意見を聞いても否定的だった。わずかにひとりかふたり、時代の変化に対応することが必要かもしれないという程度だった。このままではいつまで経っても進まない。そこで戦術を変えることにした。合併発表に踏み切り、表舞台での議論に持ち込むことにしたのである。

その年の十月二日、合併を発表した。どんな合併も通常は、公取委の内諾を得て発表するもので、秩父小野田のときもそうだった。ところが、今回は内諾どころか、了承される感触もないままだった。だから当日の発表も「合併に合意し、公取委に相談を申し入れた」としている。まったくその通りだったのである。私も発表したあとも確信はなく、もしダメだったら、部分的な提携とか別の形態を考えようと思っていた。ただ、それでもあえて発表したのは、当時、産業のグローバル化が進み、国内市場だけの議論は無意味という意見が通産省や産業界で強まっていたからである。公然たる議論に持ち込めば明確な結論が出るという判断があった。また、公取委もシェア二五%以上は絶対ダメとは言っておらず、市場のボーダレス化を踏まえて、実質的に競争が確保されるか否かを基本に審査するようになってきていたので、そこに賭けてみようと思っていた。

公取委との接衝を続け、いい感触も出始めて条件交渉に入りそうになっていた十二月、三菱マテリアルと宇部興産の事業提携が発表された。これによって、セメント業界の上位二社でシェアが六〇%を超え、三社では八〇%を超えることになった。公取委には一社で二五％超というだけでなく、二社および三社の寡占化による競争制限の可能性についても重点審査する基準があるため、我々の合併についても改めて審査し直すことになった。

これもあって公取委の結論は遅れたが、ようやく平成十年四月に了承された。公取委は、国内メーカーは寡占的になるが輸入圧力があることや、生コン販売では建設業者が強くて価格引き上げが難しくセメントの価格引き上げも難しい、といった判断をした。ただ、了承にあたって条件が付き、ＳＳの統廃合や三協組からの直系生コン脱退、販売店会の解散などを約束した。これは市場の競争を確保する目的を持っていたが、そういう条件下で実施することになった。

大変難しい接衝で、厳しい条件も付いたが、我々としては真正面から議論し、公取委も真摯に受け止めてくれた。裏工作めいたことは一切なく、堂々と議論したことが、いい結果につながったと思う。この結果、日本の経済界にとっても画期的な判断が出され、その点でも我々の合併は意味があったと思っている。

さて、公取委の了承をいただいたが、合併までの時間が五カ月しかない。発表してから各部門ごとに委員会を作ったりして合併準備を始めていたが、公取委の了承が得られるかどうか分からないから、突っ込んだ議論にならず、作業はあまり進んでいなかった。了承を得てはじめて、大車輪で準備を行い、多くの課題を積み残したまま十月の新会社発足に至ったというのが実態だった。

ただ、新社名は事前に決めていて公取委の了承と同時に発表した。それ以前に本社を千代田区西神田の新築ビルに置くことを決めていた。当初は日本セメントの本社があった大手町ビルに置き、事務所は秩父小野田の西新橋のビルと、部署別に二カ所に分かれることになっていたが、初めから一カ所に集中した方がいいと判断し予定を変えた。

社名の候補はいろいろ出た。カタカナのものが多かったが、千代田区にすでに商号登録されているものばかりでダメだった。「NOC」が有力案として残ったが、オリンピック委員会と混同されるということで諦めた。最後に残ったのが「太平洋セメント」だった。「パシフィックセメント」という案もあったが、米国のターミナルに同名のものがあり、英語表記も「TAIHEIYO CEMENT CORPORATION」とした。私は名前にはこだわらず、どんな名前でもやがて馴染むと思うほうだが、太平洋セメントもだんだん定着してきてよかったと思っている。

トップ層の信頼関係が鍵　平成十年十月、太平洋セメントが発足した。当時の環境は、セメント需要が平成九、十年と激減して七千万トンそこそこになり、アジアの経済危機の影響で輸出も減っていたから、二年間で生産量が千七百万トンも落ち込むという状況で、合併を決めたときに予想していた以上の厳しさだった。木村道夫社長が「非常事態宣言」を発表するという異例のスタートとなった。だから一体化を急ぎ合併効果をあげていくことが緊急の課題だった。

社内の一体化については、前述したような公取委の審査の経緯があって、合併準備の時間が短く、課題を積み残したままのスタートだったから、ある程度時間がかかるのはやむをえないと思っていた。ましてや、百十年以上にわたって別々にやってきて、仕事のやり方も違っていたから一緒にするのは大変なことだった。

秩父小野田の時は事前準備の時間が長く、ほとんどの問題を詰めていたから初めから一本化してスタートしたようなものだったが、今回は合併してから互いに分かった問題も多く、走り出してから準備しているようなものだった。本体がそうなのだから、グループ企業のことなど考える余裕もなく、七百社にのぼる関係会社をどうするかという戦略も合併してから検討し始めたというのが実情だった。

そういう出発をしてから今現在、間もなく三年になるところだが、当初の問題は大体二年間で整理をつけることができた。発足した翌年の四月に中期経営計画をつくり、人員計画や各部門の合理化も予定通り進んできたし、平成十二年四月には役員体制もスリム化した。グループ企業の整理も大きなものは平成十二年で終わった。世間では一体化が遅いという見方もあるようだが、私は二年ぐらいで新しい会社として収まってきたのはよかったと思っている。他の大企業の合併などはもっと時間がかかっており、我々の場合は合併前のいきさつからみて、むしろ早い方だと思っている。

合併というのは社員の運命を変えるわけだから大変なことだ。その受け止め方は社員のランクによって違い、経験が長い上の人ほど受ける影響が大きい。旧三社にはそれぞれの昇進システムがあり、自分はどの辺までいけるかとか考えていたと思うが、そのチャンスが三分の一に減ったわけだから、思いもよらなかった変化だ。それを思うと、私も心が痛む。

そういう思いを持ちながらも合併を進めてきて、さらに一体化を図ろうとするとき、どうしても障害になる人が出てくる。経験の長い人ほど自分の従来のやり方に固執しがちで変われない傾向がある。鉄道でいえば狭軌で走ってきたものが急に広軌に対応しろといわれても、思考の切り替えは難しく、それはやむをえない面もある。だから同情はするが、どうしても切り替えられない人は排除せざるをえない。

そうして一体化が進んできたが、営業部門は少し違う。それは秩父小野田のときもそうだったが、営業は販売店やユーザーとの人間関係でもっている要素があるから、そう簡単には変えられない。社員の意識は一体化しているが、販売店や生コンの人たちは旧系列の意識が残っているから、二本立てを取り除くには時間がかかる。それはやむをえないのであって、これには公平に対応することが一番大事になると思う。

いずれにしても各部門の責任者の役割が大きい。そしてその人たちはその人たちで、またその上のあり方を見ている。結局一番のポイントは我々トップ層の信頼関係と認識の一致だとつくづく思う。その意味で我々は、諸井さんとも、木村さん、北岡さんとも、ハダカになって突っ込んで議論してきたし、互いの不信感はまったくなく、政策でも一致してきた。それがある限り、常務や部長同士がぶつかっても問題はない。それは時間が解決する面もある。時間とともに相互理解が進むものだ。

合併の半年前に本格的準備を始めてみたら、総務、経理、人事から現場の工場の管理までやり方が違っていたし、営業の販売店管理のやり方もまったく違っていた。それをすぐ一本化しろといっても無理で、それが二年ぐらいでまとまってきたのだから、当初考えていたより早かったと思っている。

会長を退任、相談役に　これまでは平成十三年（二〇〇一年）秋までに執筆したものであるが、本書の出版にあたり、当時より年月が経過したので、その後のことを簡単に付記しておきたいと思う。

合併後、漸く六年経過した。その間の平成14年に私は会長を退任、相談役となり、木村道夫さんが会長、鮫島章男君が社長に就任した。合併の条件として、木村さんの次の社長は小野田系からと定まっていた。それに基づいて新社長が就任した。ただ、その後の社長は太平洋セメントにとって最も必要な人材を選ぶことで同意していた。それは合併後三年も経てば当然一体化が進むということと、その中から新会社の将来を担う人を選ぶことが出来るという判断があった。

鮫島社長は社内でも、〝秩父小野田では〟とか〝日本社ではこうやって来た〟ということを嫌う。それは社内で行き渡っている。あくまで太平洋セメントとしてどう考えるかということで指導することは、誠に結構なことと思っている。実際に一体化は進んでいるし、私はその将来については心配していない。

二度の合併を経験して思うのだが、合併が進むと実に多くの問題が起きてくる。私も多くの苦情を聞かされる。例えば「やれ両社の文化はこんなに違うのか」「やれ夫々があの部署では別々に会合をやっている」とか「やれあの人事はどうも偏った人事だ」とか、末端からの苦情まで私に対して寄せられる。人間だからどうしても夫々の言い分に耳を傾けたがるのは当然である。

合併にあたっては、結局は経営者の基本的な姿勢が問題になる。太平洋セメントという新しい会社をつくるという思想、目標が大切なのは当然であるが、その姿勢がなく、従来の自分の考え方を押し付けるタイプの役員は、どんなに有能であっても会社の将来の基礎をつくるにあたっては有害でしかない。そのことは残念なことであっても経営のあり方として貫かねばならない。それを可能にするのは合併当時の経営責任者同士の信頼関係である。

最近は私たちが合併を進めた当時と違って多くの合併が進められる時代となった。ただ、それを見ていると「あぁ、これはトップの問題だな」と、経過を見ていてすぐに分かるようなケースも多い。合併を進めるにあたって、そのことが社員の幸不幸につながることが多い。合併後どんな会社をつくろうとするのかという点での思想の一致がトップ同士に必要である。私どもは日本のセメント産業の将来とその中での会社のあり方、同時に世界との関わりあいというものについて隋分議論を重ねてきたし、その点で基本的に差はなかった。そのことが一番大切だと今も思っている。その間に多くのことが次から次へと発生したが、一つひとつ乗り越えて今日に至っている。

双竜セメントの会長に　太平洋セメントはその間、双竜セメントへの出資を実行した。日韓の間での最大投資となっている。

双竜セメントは世界のセメント業界でも有名な会社であった。同社が保有する東海工場は世界最大のセメント工場であり、太平洋セメントがもつ最優秀工場の津久見、上磯の両工場をちょうど合わせた年産能力一千百五十万トンという規模を持っている。その社員の質は極めて高く、営業力・競争力も抜群の会社であった。当然その結果アジアの市場においては、太平洋セメント、タイのサイアムセメントと共に指導的な地位にあった。

双竜セメントはセメントを中心に多角化路線を進め、特に自動車産業への進出を進めていたが、平成九年（一九九七年）の経済危機によって他の財閥と同様に経営危機に陥ることとなった。韓国は当時この経済危機脱出のために、日本と同様に諸施策を断行して行ったが、その基本の思想は財閥体制の温存ではなく脱財閥経営を進めること、その中で経営の近代化を図ること、可能な限り外国資本の導入を進めることが中心になっていた。

双竜セメントは韓国政府・主力金融機関の応援を得て再建を進めていたが、平成十二年になり当社の応援を求めてきた。その内容は詳細には言えないが、基本は増資による資本参加と共同経営方式で経営を行うことにあった。

既に世界最大のセメント資本であるラファージュは韓国のハラセメントへの資本参加

双竜セメント東海工場で

を行っており、メキシコ・セメックス（世界第三位のセメント資本）は双竜への経営参加を進めようとしていた。経済危機で打撃を受けたとはいえ双竜セメントの経営能力は従来どおりであり、これが欧米の資本によって支配されることの影響は日本のセメント産業にとって極めて重大であると考えられた。

太平洋セメントとしてアジア、特に北東アジアのセメント産業の将来、これは日本の市場を含めてのことであるが、それに責任を持っており、北東アジアの安定のためには双竜セメントをパートナーとし、これを再建し共同で市場秩序の確立を目指して行くべきであると判断された。

平成十二年（二〇〇〇年）九月、太平洋セメントとして双竜セメントの経営参加に踏み切った。この判断の中で一番懸念されたのは、日韓で共同経営方式を取ることが可能なのかどうかという点であった。日韓には三十六年間に亘る日本による植民地時代の歴史があり、それによって多くの差別意識が生じ、不幸な事件も多かったと思う。近くて遠い国というが、一衣帯水の国双立の間で社会文化を始めとして極めて大きな違いがある。その人間同士が共同経営を進めることがスムーズに行くかということである。幸い韓国政府・主力金融機関は積極的に応援をしてくれたので、我々もこれを乗り越えようと決意した。

同年十月、双竜セメントの筆頭株主としてこれに参加した。私は木村社長（当時）と打ち合わせの上、十二月に双竜セメントの理事となり、鈴木忠さん（当時太平洋セメント取締役）が副社長に就任した。そして平成十四年三月に私は会長に就任することとなった。就任に当たって、やはり懸念したことが起こった。日本人が会長になることに反発もあったと思う。しかし韓国政府を始め多くの金融機関は経営の再建を進めるという意識が強く、これを押し切って支援してくれた。

今でも思い出すが、そういう状況の中で平成十四年三月の株主総会に出席した。共同経営の日本側の理事は、木村さん、鈴木さん、それに私が候補であった。議事が進行し、議長の明社長が閉会を宣言しようとした時、一人の年配の株主が立ち上がった。株主は極めて明快な日本語で質問された。「日本人の貴方が双竜の会長になられるが、韓国はその歴史・文化・社会の伝統が日本とは全く違う。その中で貴方はどう考えて経営に臨まれるのか、そのお考えを伺いたい。そして韓国語に通訳して欲しい」と言われた。

株主総会は双竜セメントの管理職も出席しているし、金融機関の代表も出席しているので、私としては明確に答えなければいけない、曖昧な言い方が一番いけないと思った。私は思ったままに答えたつもりだ。

第一は双竜セメントの再建と安定が北東アジアのセメント産業の安定につながる。そのために太平洋セメントと双竜セメントがパートナーシップを組むことが何より重要だと考えていること。第二にセメント産業の基本はその国の経済発展のためにある。双竜セメントは伝統のある会社として双竜の社員の力で再建することが何よりも大切だ、その意識を持って欲しいこと。幸いに拍手で終わったのでホッとした。

こうして私は会長に就任した。海外投資を進めていくに当たって私は経験的に人の選び方が最も重要だと確固たる信念を持っている。幸いにも人を得た。本人にとっては大変だったと思うが、鈴木副社長（平成十六年三月社長就任）が中心になって、この四年間やってくれた。このことが経営再建の大きな原動力になったと私は思っている。業績も回復しつつあり、いま一歩一歩前進している。共同経営そのものも成功しているのではないかと思っている。

その原動力は再三言うようだが、鈴木忠さんの力によるものだ。私の言い方はおかしいかもしれないが、彼は個性も強い人だし頭脳も明晰だし、とても私の及ぶところではない。それよりも立派なのは、実に韓国の歴史・社会を勉強し、それを通して正確に韓国人を理解しようとしていることにある。共同経営といい、何といい、お互いに信頼し合えること、またそういう環境を作り上げる努力があくまで基本だと思う。その意味で鈴木忠さんを得たことが双竜セメントの今日を作り上げていると言ってよい。未だ双竜セメントについては前進途中であり、私も命の限り盛り立てて行きたいと思っている。

私のセメント人生はいま最後になろうとしている。現在七十七歳、そのうちの五十二年をセメントと共に生きてきて、恐らくセメントとの関わり合いの中で死んでいくことになろうと思うし、日本のそして韓国のセメント産業が安定的に発展する夢を、最後まで描いて行きたいと思っている。

おわりに

この本の終わりにあたって考えてみると、自分として言うべきことを言っていないのではないかと思われてならないし、また本音をすべて書いたとも思われない。それは恐らく、地獄まで持っていくことになろうと思う。そんなことを考えながら、私なりにいくつかのことをまとめてみたい。

昭和二十七年大学卒業とともに小野田セメントに入社した。あまり深く考えずに入社したが、この会社との出会いが今日まで五十年余にわたる人生を決定することとなった。日本のように終身雇用の考え方が強い社会では当然のことだが、私なりにセメントに対して愛社心というか、強い愛着を持ってきたと思うし、これからも恐らく色々と関係すると思うので、多分死ぬまでセメント、生コンという言葉から離れられないのかもしれない。

戦後の経営者　それにつけても思い出すのは安藤豊禄相談役のことである。九十二歳で亡くなられる前、入院先にお見舞いした折り、「あれはどうなった」「これはどうなった」と、私をじっと見つめながら繰り返し聞かれたことを思い出す。安藤さんに限らず、戦後の各社の社長は偉かったと思う。井上英煕さん（日本セメント）、斎藤次郎さん（住友セメント）、そして大槻文平さん（三菱鉱業セメント）、原島保さん（日本セメント）、小林久明さん、大島健司さんたちは、はっきりとセメント産業に対する信念と思想を持っておられたように思う。それぞれ現場の状況を理解し基本的にはすべて掌握しておられたように思う。

時代が変わり現在の状況の中では、残念ながらセメント事業を知らないセメント経営者が多くなってきている。

国際化、グローバル化の時代となり、私は海外のセメント経営者との付き合いも想像以上に増えることとなったが、彼らのすごさは、実に実態を理解、掌握していることだと思う。ラファージュのコロン会長、ホルシムのシュミットハイニー会長、セメックスのサンブラーノ会長、ハイデルベルガーのバウアー会長を始め、世界市場の動きを克明に掌握しておられる。

太平洋セメント会長時代、独ハイデルベルガーのバウアー会長（中央）、木村道夫社長（左から二人目）らと

市場を始め環境、技術にわたる問題の掌握なしに政策論を闘わせるのは、およそ空虚な抽象論でしかない。そんな抽象論では現実の解決にはならない。

約束守る欧米の経営者　さらに言いたいことを言わせていただくなら、社長と営業部との間に上意下達の通路がないことである。具体的にいえば、上意が定まっても実行されたためしがなく、また、実行されなかったからといって責任を明確にするルールもない。他社がどうしたのでやむなく……という弁明が大手を振ってまかり通り、自分は一生懸命やってるのに他社が悪いという。こうした過当競争状態の中での相互不信が結局、セメント産業の構造的な問題の解決を遅らせているのではないか。

セメント産業は、業界各社にしても、太平洋セメントにしても、今まさに将来の生存をかけて構造的な問題、例えば流通問題、環境問題など、その解決を図るべきときに直面しているように思う。それにしては、我々経営者はあまりにも問題を安易に考え過ぎていないか。私にはそう思われてならない。

今の状態のままでいくと、経営の維持にかかわる問題に必ず直面する。それは単なる価格維持の問題だけではなく、セメント産業全体を揺るがす問題となる。多くの雇用を抱えた経営者として、独禁法のことを言っていられない問題にぶつかるのではないか。改めて問い直してもいい時期にきていると私は思っている。我々の努力も足りなかったかもしれないが、そろそろ企業の社会的責任の意味を真剣に考えてみるべきではないかと思う。

それにしても、欧米の経営者の最大の長所は、約束したことは守るということだろう。欧米の経営者の思想の中にはキリスト教的思考も入っていると思うが、契約的思想というか、一旦約束したことは必ず守る。日本ではこの思想は弱い。従って、常にとは言わないが、約束は破られる。私の体験からいっても、欧米の経営者とは不用意な約束は絶対出来ない。そのことが今後セメント産業の将来を定める最大の鍵になることを肝に銘ずるべきではないかと思う。

セメントと生コンの関係　生コン業界とセメント業界との関係にしても、今日の関係が決して良好なものであるとは思えない。生コンの協同組合活動は恐らく、世界に全く例がない活動と言い切ってよい。特に共販事業は日本独特のものである。

しかし、これだけの生コン工場が存在する以上、私は協組活動は必要なものと理解している。だが、その活動を進めるためには両業界の関係をどうするか考えていくべきだろうと思う。両者間の溝を埋めるのは何か、冷静に論議すべきではないのか。そのことが生コン産業とセメント産業の近代化に好影響を及ぼすと考えるのは私ひとりだろうか。

ともあれ我々の今直面している問題はセメント、生コンだけでなく日本の素材産業自体の問題でもあると思われるが、もうそろそろ、その点について論議をすべき時期にきていると思う。

会社への愛着と合併　さて視点を変えて述べてみる。今日まで私はセメント会社の一員として、また一経営者としてやってきた。そしてその中で二度に亘る合併を進めてきた。その間、私自身に悩みがなかったかと言えばウソになる。米国のある上院議員が日本と米国の経営体制のあり方を比較してこう言っている。「米国は企業経営者をカレッジが育てる。日本は経営者をファクトリーフロア（工場の床）が育てる」

私は入社以来五十年余、まさにファクトリーフロアで育ってきた。当然育ててくれた会社に対する愛着は人一倍強い、と自分でも思っている。合併に踏み切る時にこのことが気持ちのなかで一番の障害となったと思う。ただ私は合併を進めてみて、こういうことがいえると思うのは、それぞれが自分たちの環境の中で、いかに安易に満足していたかということである。残念ながら過去が良かったという人は社員だけでなく、販売店や生コン会社にも多い。しかし現実は、もっと厳しく進行している。恐らく合併しないでいたならば、もっと地獄を見ることになったかもしれない。

産業の構造改革とは痛みを伴うものだということは、小泉総理に言われなくても我々だってよく分かっている。ただ簡単に、金が足りなくなったら親会社が、あるいは今までの付き合いだから何とかしてくれるという時代はとうに過ぎている。それぞれが自助努力をすべきだし、自己責任でやる以外にない時代に入っているのに、昔は良かった論ではどうにもならないのではないか。これからの企業間の関係というものは、自主独立体制を前提にして相互の関係が構築される時代に入ることは当然と言える。

国際化の時代と言われるが欧米の例を見れば分かるように、企業間の関係はお互いの独立性を尊重した上に人間関係が成り立つ。従属的な人間関係の上には相互信頼と相互の尊敬は築かれない。そのことをもっと割り切って考えないと合併は進まない。私たちも将来を見据えて合併を進めていこうとしている。時代もまた、それを要求しているのかもしれない。

私の信条　こうして今日まで私は小野田セメント、秩父小野田、そして太平洋セメントと、セメント一筋に生きてきた。私はその中で多くの人々に出会い、その人達に支えられて今日までやってきた。また私自身の個人的な信条も含めて私なりの人生の見方、考え方を基本にして生き抜いてきた。

私の個人的信条は基本的には三つある。

一つは、私が絶対に変えないのは「信じて用いよ、用いて信ぜよ」ということである。個人的な好き嫌いがあってもその人を信じよう、それが失敗してもまた信じてみようということである。いつ頃からこういう考え方になったのかは分からない。自分の性格は仕事に対しては、意外に慎重である。その反作用かもしれないが、人事課長当時にははっきり、そうした信念を持っていたと記憶している。人を信ずるということは、その人を理解しようという努力が必要になるし、相手の心を理解することが必要となる。

第二に、私は絶対に後へ下がらない、下がるのがいやだ。どんな場合でも向かって行くという意識が強い。誰の歌か知らないが、「してみせて、言って聞かせてさせてみて、褒めてやらねば人は動かじ」という歌がある。私はこの歌が好きだが、とりわけ「してみせて」という一句が好きだ。人にやらせて評価するのは誰でも出来るが、自分が率先して難問の解決に当たるのが、私は好きだ。今日までの自分を振り返ってみて、私は仕事を避けた記憶はない。むしろ向かい過ぎてのめり込み、人に迷惑をかけた方が多かったかもしれない。

第三に、人を信ずるからかもしれないが、あるいは対人関係に無神経なのかもしれないが、大抵のことは私自身の腹の中で消化してしまう。自分でもよく分からないが、体の本能がそう動いてくれるような気がする。

ただ、私の最大の欠点は勉強が足りないことである。時代の変化に対応して経営のあり方を掘り下げ、どうあるべきか、そしてそれをどう主張すべきか、そういう努力が今でも不足していると思っている。経営者という動物はK・K・D、つまり経験と勘と度胸だけではだめな時代に入っている。K・K・Dもまた必要だと思うが……。特に利益を追求していくためには変化と見通しについて適格な判断が必要になる。そのためには現在の日本ではより一層の勉強が必要な時代になって来ているのではないか。私にはそう思われてならない。

多くの人に支えられた人生　私が今までやってこられたのは、多くの人々との出会いがあったからだと思う。振り返ってみると多くの人々が走馬灯のように浮かび上がっては消えていく。すでに何度も述べているように、私にとって安藤豊禄さん、大島健司さんは最大の師であった。特に大島さんについては人間的に最もほれこんでいたと言っていい。

大島さんからは多くのことを学んだ。大島さんは温厚な人格者と思われているが、実は経営者として冷酷な一面も持っておられた。かつて私にこう言われたことがある。「君は情が深すぎる。それでは良い経営者にはなれないぞ」。私は何を言っているのだろう、あなたの方が優しいではないか、と思ったが、後の仕事の流れの中で意外にすごい決断をされるのに再三ぶつかり、改めて考えさせられることが多かった。

安藤さんは実に好奇心の強い人だった。好奇心が強いというのは経営者の必須条件と言われるが、安藤さんのそれは私でも驚くほどだった。私はその掘り下げ方と行動力を学んだ。

お二人以外にも多くの人々が色々な意味で私の師となり友となってくれた。例えば学生時代でいえば里見昭さん（元山一証券副社長）がそうだ。恐らく旧制高校、大学を通して最も心の通い合った仲だった。私が社長に就任して数年後に病を患い亡くなった。生きていてくれたらどんなに私の気持ちの救いになってくれたかと、今でも誠につらい思いがする。

会社に勤務してからは、例えば大船渡工場におられた佐藤大三郎さん、その当時一緒に働いた松倉茂登武さん（元専務）、石田昇さん（元専務）、田森久雄さん（元専務）、経理部時代には吉住博行さん（元常務）、平賀一次さん（元社長）、嶋内増郎さん（元監査役）と、実に多くの人々が私の友となり支え合ってきたように思う。

そういう意味では特殊なこととして、海外投資の進行に伴って海外の経営者、政府関係の人々と出会い、その付き合いが私に与えた影響は誠に大きかったといえる。

残念ながら私は外国の言葉は出来ない。すべて通訳を通して話を進めなければならない。そういう状態ではビジネスライクな話や一般的な差しさわりのない話はできるが、突っ込んだ人間関係はできない。しかし経営の状態いかんによっては、どうしても人間の機微にわたる問題になり、単なる駆け引きではすまなくなる。そこでは当然のことながら、問題に対する認識の一致と人間としての相互理解が必要となる。海外投資を進めていくと、究極にはこの問題に直面する。

もちろんこの場合、通訳の能力と人間性が大事になる。普通、人々は通訳の役割を限定的に見がちだが、私はそう思っていない。特に海外での人と人との出会いを重ねるうちに、人間同士の共感と信頼をつくることの必要さをつくづく感じるが、妙なことに、言葉を必要としないほど相互の信頼関係が醸成されてなお、通訳の役割を超えて、いわば三人による関係をつくってきたような気がする。私はそんな中で海外の友人をつくってきた。私はそんな人達を通じて国際化のあり方、海外における企業経営のあり方を学んできた。

話はそれるようだが、海外のセメント業界との接点を持つ私の経験からすると、次のことは明確にしておく必要がある。

第一に、我々は日本のセメントメーカーとしての誇りを絶対に忘れてはいけない。海外の連中の動きに盲目的に従う必要もないし、日本には日本のセメントの歴史がある。あくまで対等に向かいあっていかねばならない。

第二に、しかし日本の制度を中心にものを判断してはいけない。特に日本の流通制度は海外に輸出できない。むしろ日本は構造改革をすべきだろう。日本のセメント関連の技術は世界最高水準にあることは事実だとしても、そのことからすべての問題について最高なのだという視点で見てはならない。

第三に、よく言われることだが、欧米の人たちはアジアの人々の心情をなかなか理解出来ない。そうかと思うと、ハイデルベルガー（ドイツ）の会長のように意外に中国を正確に理解している人もいるし、セメックス（メキシコ）のように、米国などの差別意識を乗り越えてストレートにやってこられた人もいる。私もよく分からないが、ただ言えるのは、連中といえども、牧師でもないし、思想家でもない、普通の人々だということである。当然、出身国の人々と同じ社会行動をとる普通の人と考えるのが正しい。そうである以上、対等の人間同士という感覚で接するのが最も正しい。

色々なところで経験するが、中国でも韓国でもアジアの人々は白人の言うことには弱いと言われる。しかし、不必要に頭を下げる必要はないと思う。対等の人間同士として接する方が相手は正当な評価をしてくれるし、そこから人の付き合いは始まると思う。

結局我々の仕事は人と人との出会いの連鎖の中で出来る。そして私もその中で人生を過ごしてきた。もうこれから何年生きるか分からないが、小野田セメントに入社以来、太平洋セメントの今日まで、セメントに生きセメントで暮らしてきた私の人生は、多くの人々の支えで成り立ってきた。心からお礼を申し上げたいと思っている。

この人物史を書き出してから一年半の連載のなかで、私の家族のことはほとんど触れなかった。最後に少しだけ述べておきたいと思う。

結婚して五十年になった。入社当時の初任給は九千八百円で、結婚したころでも一万円そこそこしかなかった。生活は決して楽ではなかった。子供三人を抱えて藤原、大船渡と、家内はよく私を支えてくれた。寒い大船渡の冬の日々、子供達のセーターも自分の服もすべて自分で編み、作っていた。その姿を今でも思い出す。子供達もセメント工場の石灰石山で遊び、社宅で育った。根っからのセメントっ子だった。

セメント事業は好況期は短い。振り返ってみると、合理化、リストラの時間の方が長かった気がする。その中で私は、最後までセメントを離れようと思わなかった。それを支える家内も決して楽ではなかったと思う。その支えなしには今日の私はなかったのではないかと、今改めてしみじみ思っている。

家内には心から感謝している。それだけは言っておきたいと思う。

今村一輔年譜

昭和2年（1927）2月21日　神奈川県横須賀にて、今村了之介、渡世の長男として生まれる
昭和6年（1931）10月　大分県臼杵の祖父宅に転居
昭和8年（1933）4月　広島県江田島の従道小学校に入学
昭和9年（1934）4月　東京・目黒区の渡辺家にあずけられ、油面小学校に転校
昭和10年（1935）1月　父の転勤により、家族と一緒に目黒区で生活
11月　目黒区祐天寺に転居、五本木小学校に転校
昭和14年（1939）4月　芝中学校に入学
昭和19年（1944）2月　陸軍予科士官学校（埼玉県朝霞）に入校
昭和20年（1945）6月　陸軍士官学校（神奈川県座間）に入校
8月　終戦。世田谷区の自宅に帰る
昭和21年（1946）4月　東京府立高校（旧制）に入学

昭和24年（1949）4月　東京大学経済学部に入学
昭和27年（1952）4月　小野田セメントに入社。藤原工場商務課会計係に配属
昭和29年（1954）10月　中村菊枝と結婚
昭和32年（1957）4月　大船渡工場に転勤(商務課会計係副係長、のち副課長)
昭和39年（1964）8月　本社に転勤（経理部経理課副課長）
昭和40年（1965）6月　経理課長に就任
昭和41年（1966）7月　労務部人事課長に就任
昭和45年（1970）10月　セメント営業部輸送課長に就任
昭和46年（1971）7月　東海運に出向（取締役海運部長。47年常務取締役）
昭和51年（1976）3月　鹿島レミコンに出向（社長）
昭和52年（1977）2月　小野田セメントに復帰、東京支店長に就任
昭和56年（1981）6月　取締役に就任（東京支店長）
昭和57年（1982）1月　取締役セメント営業部長に就任
昭和58年（1983）6月　常務取締役に就任。セメント協会流通委員長に就任

昭和59年（1984）9月　セメント業界5グループ化により共同事業会社設立。中央セメント社長に就任（兼務）
昭和60年（1985）6月　小野田セメント代表取締役社長に就任
平成2年（1990）4月　セメント協会会長に就任
平成4年（1992）7月　中央セメント、ユニオンセメント解散
平成6年（1994）10月　秩父セメントと合併、秩父小野田発足、代表取締役社長に就任
平成8年（1996）6月　代表取締役会長に就任
平成9年（1997）4月　勲二等瑞宝章を受章
平成10年（1998）10月　日本セメントと合併、太平洋セメント発足、代表取締役会長に就任
平成14年（2002）3月　韓国・雙龍洋灰工業理事・理事会議長（会長）に就任
4月　太平洋セメント取締役相談役に就任（6月取締役退任、相談役）

挑戦
セメントに賭ける
平成十七年二月十五日発行
著　者　今村一輔
発行者　猪熊和子
発行所　セメント新聞社
〒104—0031
東京都中央区京橋三—十二—七
京橋山本ビル
電話（〇三）三五三五—〇六二一
ISBN4-915368-08-4 C0023 ¥2600E
印刷：奥村印刷株式会社